秋葉原～つくば58.3kmを結ぶ20駅

つくばエクスプレス沿線アルバム

生田 誠、山田 亮

JN081499

混雑激化による輸送力増強のため2019年から製造されたTX-3000系は継承、進化、洗練という3つのコンセプトでデザインされ、カラーリングなどはこれまでのTX-2000系などをベースとしつつも、前面窓はシンプルになり、より傾斜を強くした前面形状とヘッドライト形状により先鋭感を強調したデザインとなった。2020年度グッドデザイン賞を受賞している。
◎つくばエクスプレス総合基地 2022（令和4）年6月5日

表紙上 写真：つくばエクスプレスは秋葉原〜守谷間が直流電化、守谷〜つくば間が交流電化となっており、交直流両用車は車両新造コストが高いことなどから直流区間用の車両も製造した。そのため2005年8月の開業時には見た目がそっくりな直流用のTX-1000系と交直流両用のTX-2000系という2種類の車両が用意された。
◎2005（平成17）年8月27日　撮影：諸河 久

筑波鉄道（旧筑波線）北部を走るキハ811－キハ812の2両編成。キハ810形811、812は北海道の旧雄別鉄道（1970年4月廃止）キハ100形104、105で同線廃止後に転入。同鉄道のキハ100形106は常総線に転入しキハ813となる。筑波線は1979年4月に関東鉄道から分離され筑波鉄道（2代目）となり、1987年4月1日付で廃止。営業最終日は同年3月31日。
◎樺穂〜東飯田　1981（昭和56）年9月21日　撮影：安田就視

はじめに

　早いもので、「つくばエクスプレス」が開通してから、既に18年の年月が経過している。正式な名称は「首都圏新都市鉄道」だが、急行（エクスプレス）の意味を含むこの名称は沿線住民の間にすっかり定着した感がある。秋葉原〜つくば間の58.3キロを最速45分で結ぶ速さは、まさに「エクスプレス」にふさわしいものだろう。

　しかし、その一方で、都内やつくば市内などの一部では地下を走ることから、疾走する車両の姿を見ることは少々難しい路線でもある。首都圏の都市を走る鉄道としては、なかなか目にすることができない「幻の鉄道」という一面もある。

　今回、この新しい路線に着目して、一冊の本にまとめることは、かなり思い切った決断だった。筆者としても執筆にあたり、初めて知った知識、情報もあった。そんな驚き！の事実も含まれており、読者の方々にも新しい情報や写真が提供できるものと、密かに期待している次第である。この本を手にして、つくばエクスプレスの勇姿を目にしていただき、できるなら列車に乗って沿線の風景にも接していただきたいと思っている。

　なお、本書では、つくばエクスプレス関連の写真などとともに、現在および過去において、沿線地域を走っていた総武流山電鉄（現・流鉄流山線）、東武鉄道野田線、常総筑波鉄道（現・関東鉄道）に関連する写真、資料なども紹介することとした。

2023年7月　生田 誠

キハ310形は二つの車両メーカーで製造された。313〜318号はエンジン交換や冷房化改造などを受けた。
◎南守谷　1980（昭和55）年　撮影：小川峯生

1章

沿線案内図、絵葉書、写真で見る
つくばエクスプレス沿線

つくばエクスプレス開業に備えて2003年に先行量産車、2004年から量産車が製造されたTX-1000系。直流電車で、交流区間には入線できないため秋葉原〜守谷のみの運行となっている。最高速度は130km/hで、これはワンマン運転する列車としては最速となっている。◎流山おおたかの森　2017（平成29）年3月17日

沿線案内図 （所蔵・文：生田誠）

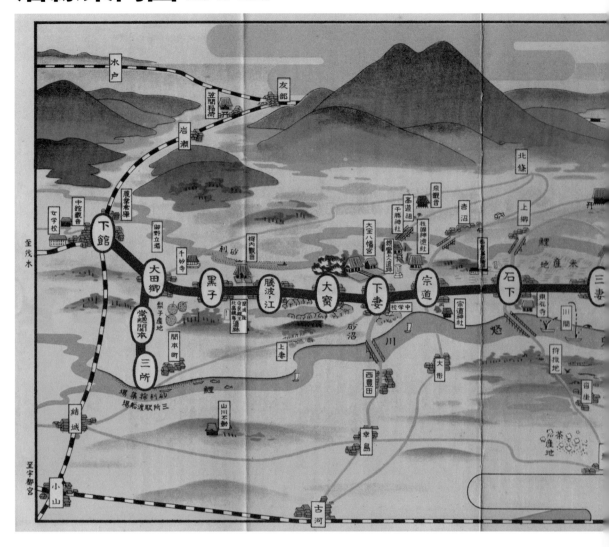

常総鉄道の時刻表（昭和13年）

十三年十二月一日訂補　取手・下館間（常總鐵道線）（運）（氣動車併用）連帶驛ノミヲ示ス

下館方面行

粁程	運賃	驛名	1	101	3	5		19	21	23	25
0.0	圓錢	取手 省發	…	6 30	…	7 24		6 00	7 20	8 20	956
2.3	6	寺原〃	…	6 41	…	7 28		6 04	7 24	8 24	1000
5.6	14	稲戸井〃	…	6 49	…	7 33	此ノ間	6 09	7 29	8 29	1005
6.7	25	守谷〃	…	7 04	…	7 39	取手發	6 15	7 35	8 35	1011
13.2	33	小絹〃	…	7 12	…	7 44	下館行	6 20	7 40	8 40	1016
17.6	44	水海道〃	5 55	7 21	6 51	7 59	9 02	6 26	7 52	8 46	1023
21.1	53	中妻〃	6 01	…	6 57	8 07	10 25	6 33	8 00	8 53	
24.1	60	三妻〃	6 06	…	7 02	8 11	11 40	6 37	8 06	8 57	
29.0	73	石下〃	6 16	…	7 10	8 19	0 57	6 45	8 22	9 06	
33.1	83	宗道〃	6 25	…	7 17	8 26	2 50	6 52	8 36	9 13	
36.3	91	下妻〃	6 32	…	7 22	8 34	4 12	6 58	8 54	9 22	
38.8	97	大寶〃	6 36	…	7 27	8 38	ノモノ	7 02	9 00	9 26	
41.1	1.03	騰波ノ江〃	6 41	…	7 33	8 43	アリ	7 07	9 07	9 31	
43.8	1.09	黑子〃	…	…	7 37	8 48		7 11	9 14	9 37	
47.5	1.19	大田郷〃	6 51	…	7 43	8 54		7 17	9 24	9 43	
51.2	1.28	下館 省著	6 57	…	7 49	9 00		7 23	9 32	9 49	

取手方面行

粁程	運賃	驛名	100	2	4	102	6		20	22	24
0.0	圓錢	下館 省發	…	…	5 54	…	7 16		5 14	8 50	8 28
3.8	10	大田郷〃	…	…	6 00	…	7 23	此ノ間	5 20	8 56	8 34
7.5	19	黑子〃	…	…	6 06	…	7 28	下館發	5 27	7 02	8 40
10.2	26	騰波ノ江〃	…	…	6 10	…	7 32	取手行	5 32	7 07	8 44
12.5	32	大寶〃	…	…	6 15	…	7 37		5 36	7 12	8 48
15.0	46	下妻〃	…	…	6 19	6 49	7 41	8 36	5 41	7 16	8 53
18.2	56	宗道〃	…	…	6 25	6 57	7 47	9 50	5 46	7 22	9 06
22.3	68	石下〃	…	…	6 32	7 12	7 54	11 06	5 53	7 29	9 06
27.2	76	三妻〃	…	…	6 40	7 22	8 02	0 46	6 01	7 37	9 14
30.2	84	中妻〃	…	…	6 44	7 27	8 07	2 27	6 06	7 43	9 18
33.7	84	水海道〃	5 00	6 18	6 52	7 36	8 13	3 57	6 12	7 48	9 25
38.1	95	小絹〃	5 10	6 24	6 58	…	8 19	ノモノ	6 19	7 54	9 31
41.6	1.04	守谷〃	5 18	6 29	7 03	…	8 24	アリ	6 25	7 59	9 36
45.7	1.14	稲戸井〃	5 27	6 35	7 09	…	8 30		6 31	8 05	9 42
49.0	1.22	寺原〃	5 35	6 40	7 14	…	8 35		6 37	8 10	9 47
51.3	1.28	取手 省著	5 41	6 44	7 18	…	8 39		6 40	8 14	9 51

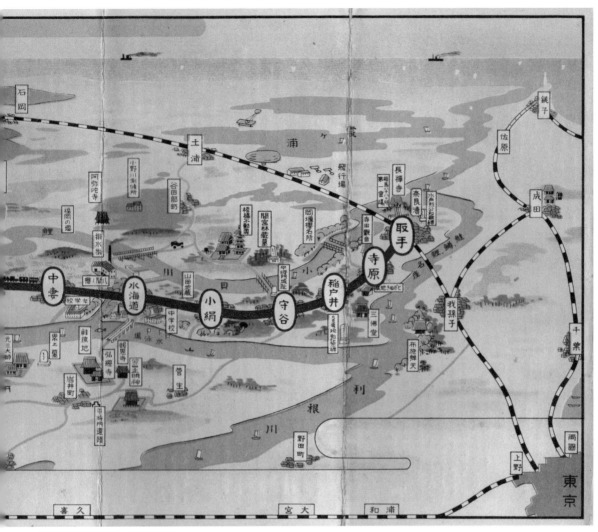

【常総鉄道沿線案内（昭和初期）】
茨城県の取手駅と下館駅の間を結んでいる、常総鉄道（現・関東鉄道常総線）の沿線案内である。茨城県下において、この路線が小貝川と鬼怒川の間を走っていることがわかる。地図に見える騰波ノ江駅は1926（大正15）年の開業であり、1931（昭和6）年に開業する南石下駅と玉村駅が描かれていないことから、この路線図が昭和初期に作成されたことがわかる。上部には常磐線の土浦、石岡、友部、水戸駅、水戸線の岩瀬駅が見えることから、位置はややずれてはいるものの、左上の大きな山は筑波山と思われる。

粁程	運賃		驛	名		31	33	35			粁程	運賃		驛	名		30	32	34		
	錢											錢									
0.0		太	田	郷	發	7 44	1 06	6 25	…	…	0.0		三	所	發	7 00	11 50	5 00	…	…
4.8	12	常	總	關本	〃	7 57	1 19	6 38	…	…	1.2		常	總	關本	〃	7 05	11 55	5 05	…	…
6.0	15	三	所	著	↓	8 01	1 23	6 42	…	…	5.0	15	太	田	郷	著	7 17	0 07	5 17	…	…

十三年四月一日訂補　　太　田　郷・三　所　間　（常總鐵道線）　運　各驛連帶

常総鉄道鬼怒川線の時刻表（昭和13年）

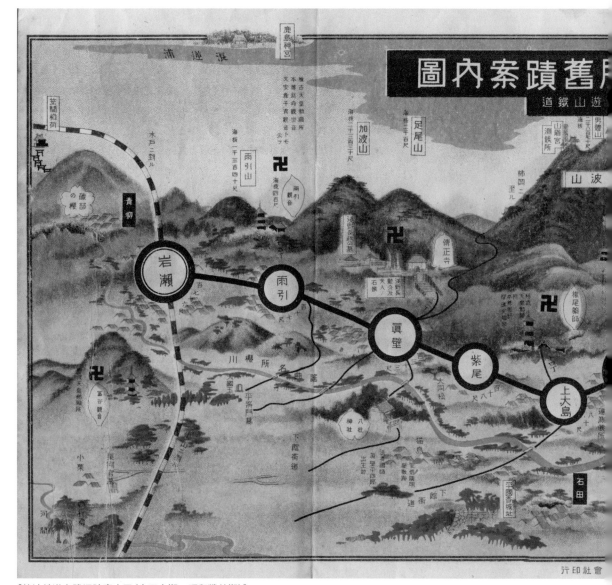

【筑波鉄道名勝旧跡案内図（大正末期～昭和戦前期）】
筑波鉄道は1918（大正7）年に土浦～岩瀬間が開業した鉄道路線で、常総筑波鉄道、関東鉄道に変わった後、再び筑波鉄道に戻り、1987（昭和62）年に全線が廃止された。この案内図は横長で路線も横に伸びているが、実際には常磐線の土浦駅から北西方向に進んで水戸線の岩瀬駅まで至っていた。この図には中間駅としては1922（大正11）年に開業した樺穂駅が描かれておらず、開通時から設置されていた常陸大貫、伊佐々（後に常陸桃山）も記載されていない。

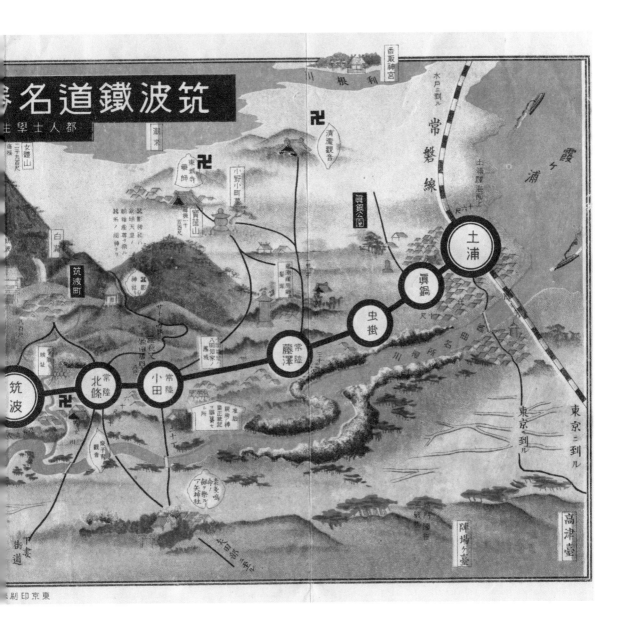

筑波鉄道の時刻表（昭和13年）

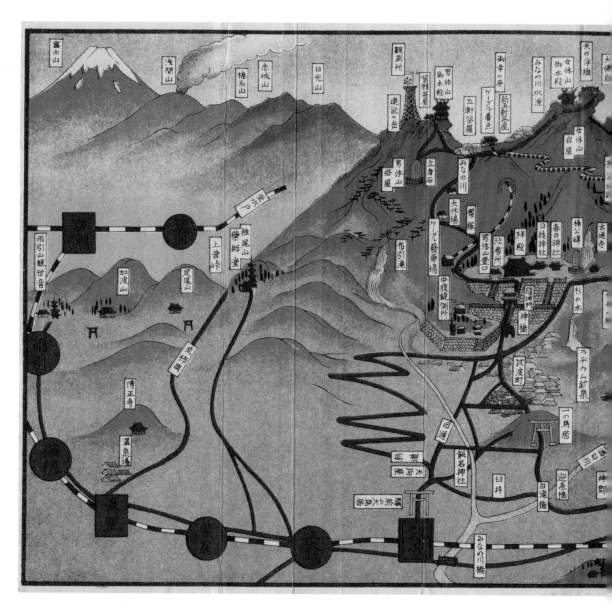

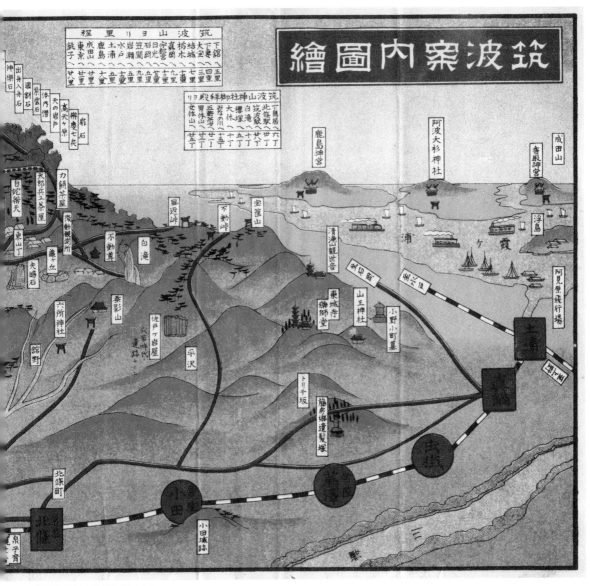

【筑波案内図絵（1929年）】
1919（大正8）年に発行されて以来、版を重ねてきた「筑波案内図絵」で、この9版は1929（昭和4）年に出されている。表紙には天狗の面が描かれ、校閲者は筑波山神社の社務所となっている。筑波鉄道の路線や駅とともに、ここでは筑波山の参道やケーブル路線、観測所や男体山総本殿、女体山総本殿、筑波山神社の拝殿、社務所のほか、末社や茶店、奇岩なども詳しく紹介され、筑波山の探訪に出掛ける際、参考となる恰好の案内書となっている。

十四年三月一日訂補 筑波山鋼索鐵道線 （非）	
驛　名	宮脇（筑波）、筑波山頂（全區間 1.6 粁　運賃片道 45 錢往復 75 錢）、
運轉時間	全區間 9 分ヲ要シ 6 30 ヨリ 7 00 マデ 30 分毎ニ（多客ノ場合ハ 10 分毎ニ）運轉

筑波山鋼索鉄道の時刻表（昭和14年）

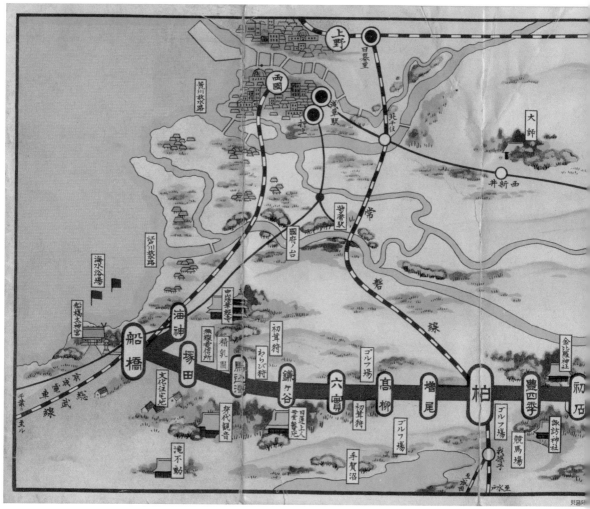

【総武電車沿線案内（昭和戦前期）】
現在の東武野田線の前身である、総武鉄道（総武電車）の沿線案内である。大宮〜船橋間の路線は、千葉県営鉄道、北総鉄道（後に総武鉄道）により建設され、1929（昭和4）年から総武鉄道の路線となっていた。現在は流山おおたかの森駅でつくばエクスプレス線と連絡しているが、この時期には同駅は存在していなかった。流山おおたかの森駅が置かれている現・流山市内には運河、初石が置かれているが、江戸川台駅は戦後の1958（昭和33）年の開業である。流山おおたかの森駅のもうひとつの隣駅、豊四季駅は現・柏市に置かれている。

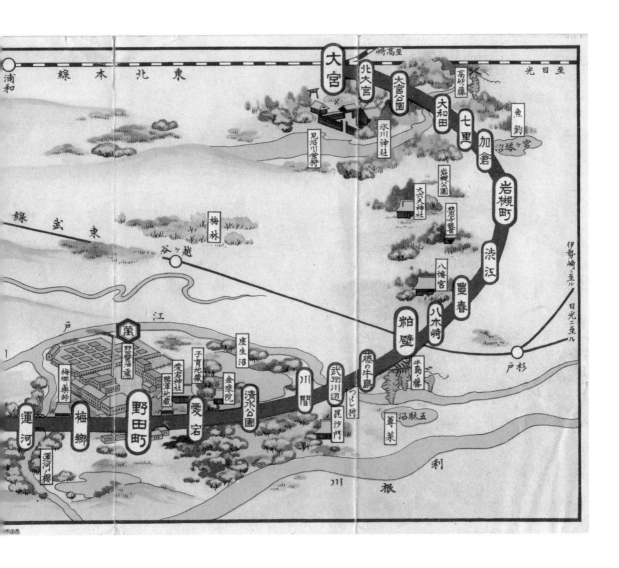

総武鉄道（現・東武野田線）の時刻表（昭和14年）

十四年四月一日訂補		大宮・粕壁及柏・船橋間	(總武鐵道線)(大宮・柏間電車、柏・船橋間ハガソリン車)(連帶驛ノミヲ示ス)							十四年四月一日訂補			(大宮方面行)						
			柏 方 面 行										**大 宮 方 面 行**						
粁程	運賃錢	驛名 列車番號	201	101	203	此ノ間大宮發柏行	137	139	913	粁程	運賃錢	驛名 列車番號	302	304	306	柏發大宮行	214	138	216	218
0.0	...	大宮 省發	...	6 05	...	6 38 3 20	8 45	9 32	10 30	0.0	...	柏 省發	...	...	...	6 25	2 15	8 25	9 10	10 13	10 54
1.2	4	北大宮 〃	...	6 07	...	7 04 4 19	8 47	9 34	10 32	3.2	7	豊四季 〃	...	...	...	6 59	2 57	8 30	9 15	10 18	10 59
2.3	5	大宮公園 〃	...	6 09	...	7 40 4 53	8 49	9 36	10 34	6.1	14	初石 〃	...	...	...	7 36	3 40	8 35	9 19	10 22	11 03
4.1	9	大和 〃	...	6 12	...	8 15 5 39	8 52	9 39	10 37	9.7	22	運河 〃	...	...	...	8 09	4 50	8 40	9 24	10 28	11 08
5.7	13	七里 〃	...	6 16	...	9 22 6 28	8 55	9 41	10 39	12.0	27	梅郷 〃	...	...	...	9 05	5 45	8 44	9 28	10 32	11 12
8.6	19	岩槻 〃	...	6 21	...	10 33 7 04	9 00	9 47	10 45	14.3	32	愛宕 〃	...	...	6 05	9 54	6 14	8 48	9 32	10 35	11 15
14.2	31	八木崎 〃	...	6 26	...	11 33 7 34	9 07	9 55	10 53	15.2	34	野田町 〃	...	...	6 07	10 39	7 11	8 50	9 34	10 37	...
15.3	34	粕壁 〃	...	6 33	...	0 47 7 52	9 12	9 59	10 55	16.3	36	清水公園 〃	...	...	6 10	11 52 7 54	8 52	9 36	10 39	...
17.9	39	藤の牛島 〃	...	6 37	...	2 18	9 16	10 03	...	20.0	44	川間 〃	...	...	6 14	0 43 9 10	...	9 41	...	...
19.4	44	南櫻井 〃	...	6 40	...	大宮發	9 19	10 06	...	23.1	51	南櫻井 〃	...	...	6 18	1 14	...	9 45	...	...
23.0	51	川間 〃	...	6 45	...	粕壁行	9 23	10 10	...	25.1	55	藤の牛島 〃	...	...	6 22	柏 發	...	9 48	...	...
26.7	59	清水公園 〃	5 37	6 51	6 09	8 49 2 57	9 28	10 15	...	27.7	61	粕壁 〃	5 30	5 59	6 32	清水公園行	9 58	...	...
27.8	61	愛宕 〃	5 39	6 53	6 11	10 04 3 43	9 30	10 17	...	28.8	63	八木崎 〃	5 32	6 01	6 34	8 31 11 22	6 14	10 00	...
28.7	63	野田町 〃	5 42	6 57	6 14	0 09 5 15	9 33	10 21	...	34.4	75	岩槻 〃	5 41	6 10	6 43	9 32 4 12	6 35	10 09	...
31.0	68	梅郷 〃	5 45	7 00	6 17	清水公園發 9 36	10 24	...	37.3	82	七里 〃	5 46	6 16	6 49	粕壁發大宮行	10 14	...
33.3	73	運河 〃	5 49	7 04	6 21	柏 行 9 40	10 29	...	38.9	85	大和 〃	5 51	6 22	6 54	0 02 4 57	8 25	10 19	...
36.9	81	初石 〃	5 54	7 10	6 26	9 44 3 34	9 45	10 34	...	40.7	89	大宮公園 〃	5 51	6 22	6 54	...
39.8	87	豊四季 〃	5 58	7 14	6 31	10 31 4 43	9 49	10 38	...	41.8	92	北大宮 〃	5 53	6 24	6 56	2 55 5 19	10 13	10 21	...
43.0	94	柏 省著	6 03	7 20	6 36	11 55 5 56	9 54	10 43	...	43.0	94	大宮 省著	5 55	6 25	6 58	ノモノ運轉	10 23	...

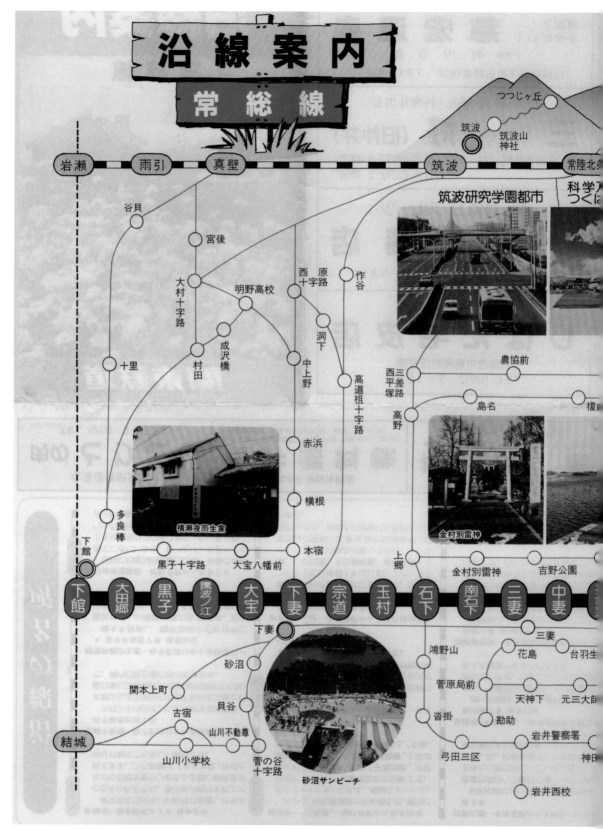

沿線案内

常総線

つつじヶ丘

筑波山神社

筑波

岩瀬　雨引　真壁　筑波　常陸北条

谷貝

宮後

筑波研究学園都市　科学万博つくば

西十字路　原路

作谷

大村十字路

明野高校

成沢橋

村田

中上野

洞下

高道祖十字路

三差路　西平塚　高野

農協前

島名　榎

十里

赤浜

金村別雷神

横根

多良棒

下館

横瀬夜雨生家

黒子十字路　大宝八幡前

本宿

上郷

金村別雷神　吉野公園

下館　大田郷　黒子　騰波ノ江　大宝　下妻　宗道　玉村　石下　南石下　三妻　中妻

下妻

三妻

鴻野山

花島　台羽生

砂沼

菅原局前

天神下　元三大師

関本上町

貝谷

勘助

古宿

沓掛

岩井警察署

山川不動尊

神田

結城

山川小学校

菅の谷十字路

砂沼サンビーチ

弓田三区

岩井西校

【常総線沿線案内（1985年頃）】
西取手駅（1979年開業）や新守谷駅（1982年開業）が記載されている、関東鉄道常総線の沿線案内で、「筑波研究学園都市」や「科学万博つくば'85」の写真もあることから、1985（昭和60）年頃の発行と思われる。青色だけのカラー版ではあるが、

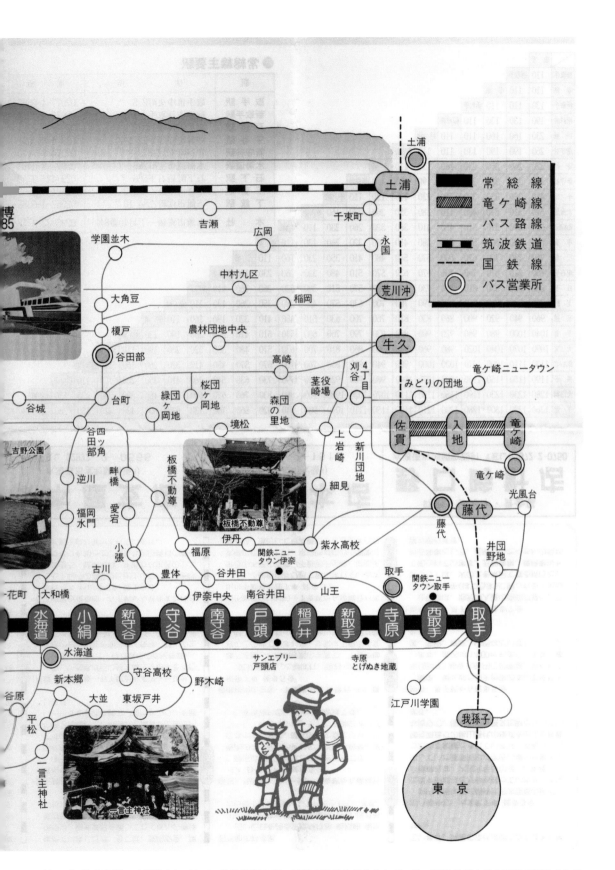

土浦

	常 総 線
	竜ケ崎線
	バ ス 路 線
	筑 波 鉄 道
	国 鉄 線
	バス営業所

博85

土浦

吉瀬　　　　　千束町

学園並木　　広岡　　　　　　永国

中村九区

大角豆　　　　　　稲岡　　荒川沖

榎戸　　農林団地中央

谷田部　　　　　　　　牛久

高崎　　　　刈谷4丁目

谷城　　台町　　桜団ヶ岡地　　茎役崎場　　みどりの団地　　竜ケ崎ニュータウン

緑団ヶ岡地　　森団の里地

四ッ谷角　　　　　境松　　　　　佐貫　　入地　　竜ヶ崎

谷田部

吉野公園

逆川　　畔橋　　板橋不動尊　　上岩崎　　新川団地　　竜ケ崎

福岡水門　　愛宕　　　　　　　　　細見　　　　　光風台

小張　　　　　　伊丹　　　　　　　　藤代

古川　　福原　　関鉄ニュータウン伊奈　　紫水高校　　藤代　　井団野地

一花町　　大和橋　　豊体　　谷井田　　山王　　取手　　関鉄ニュータウン取手

水海道　小絹　新守谷　守谷　南守谷　戸頭　稲戸井　新取手　寺原　西取手　取手

水海道　　伊奈中央　南谷井田

新本郷　　守谷高校　　野木崎　　サンエブリー戸頭店　　寺原とげぬき地蔵

谷原　　大並　　東坂戸井　　江戸川学園

平松　　　　　　　　　　　　　　　我孫子

板橋不動尊

一言主神社

東 京

同社のバス路線も詳しく記載されており、筑波鉄道や竜ヶ崎線の路線も紹介されている。観光地が小さな写真で紹介されている中で、筑波山地の山並みは上部に続くイラストとして、しっかりと描写されている。

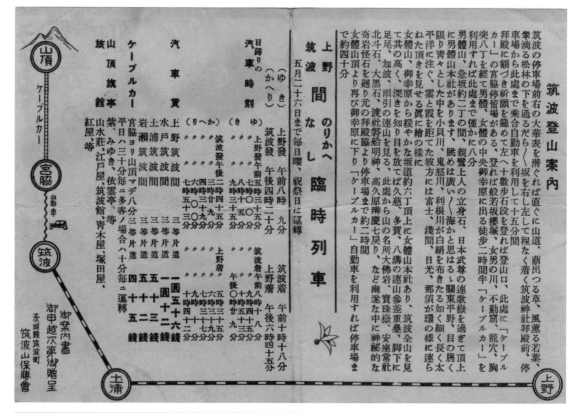

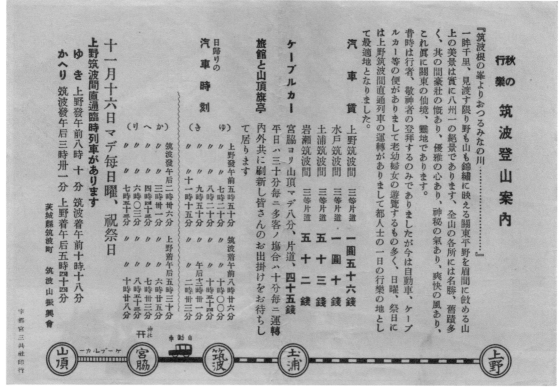

【筑波登山案内（裏面）】

季節に合わせて発行されていた筑波観光のパンフレットの裏には、筑波登山案内として筑波山の説明とともに、筑波鉄道の時刻表や運賃なども記載されていた。この頃、春と秋の観光シーズンには、上野～筑波間に乗り換えの必要のない直通列車も運転されていた。行き（下り）の列車は午前8時9分（秋は8時10分）に上野駅を出て、午前10時18分に筑波駅に到着。帰り（上り）の列車は、春は午後4時20分、秋は午後3時31分に筑波駅を出ることになっていた。

沿線の時刻表

筑波鉄道と常総鉄道の時刻表（昭和6年・5年）

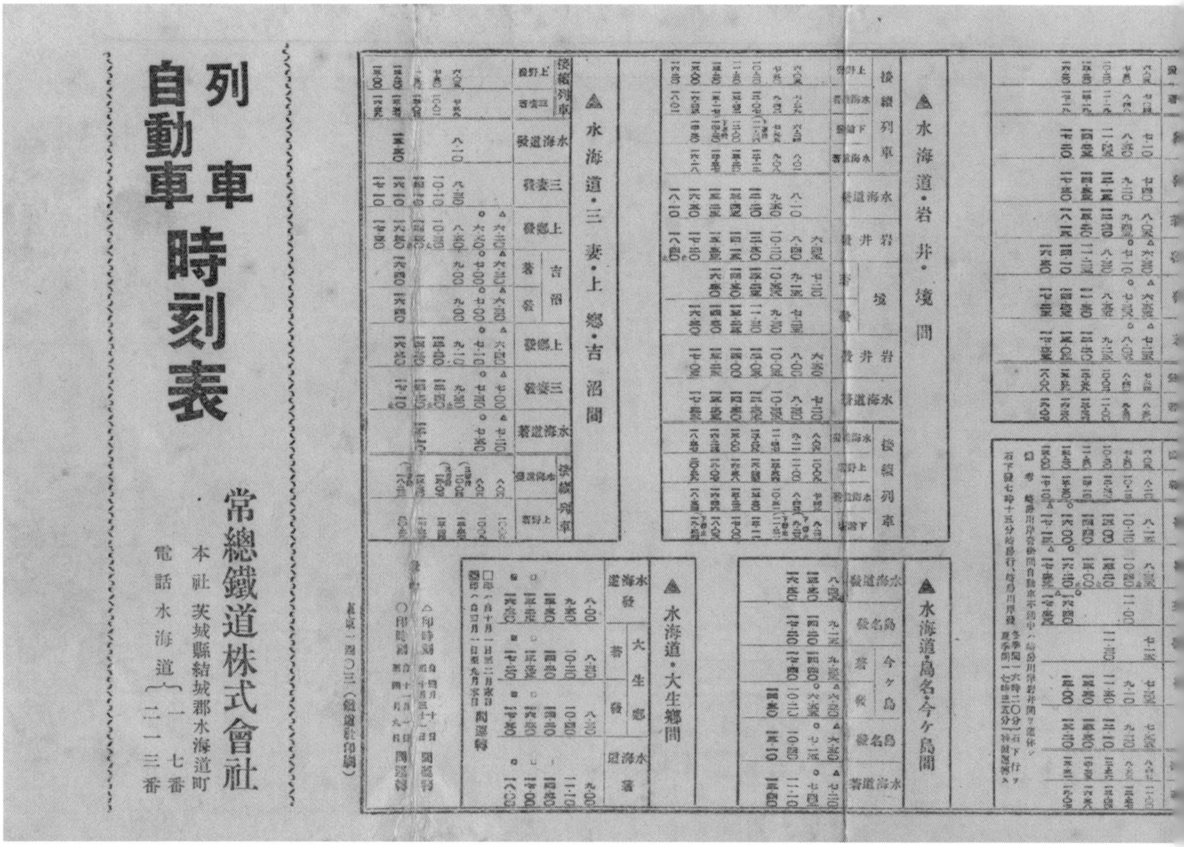

列車
自動車 時刻表
常總鐵道株式會社
本社 茨城縣結城郡水海道町
電話 水海道（一一七番 二一三番）
水海道・三妻・上郷・吉沼間
水海道・岩井・境間
水海道・大生郷間
水海道・島名・今ケ島間

下リ

	驛名＼列車番號	51	21	53	23	25	55	27
接續	成田發				5.38	6.53		8.43
接續	我孫子著				6.33	7.47		9.31
接續	水戸發			5.25	5.05	6.12		8.19
接續	取手著			6.00	6.46	7.53		10.01
接續	上野發			4.45	6.05	7.00	7.50	9.00
接續	松戸發			5.07	6.31	7.26	8.16	9.26
接續	我孫子發			5.29	6.56	7.51	8.40	9.49
接續	取手著			5.36	7.03	7.58	8.47	9.56
	取手發			6.08	7.08	8.06	9.06	10.12
	寺原發			6.17	7.14	8.15	9.13	10.21
	稲戸井發			6.27	7.20	8.21	9.20	10.27
	守谷發			6.38	7.27	8.28	9.28	10.38
	小絹發			6.46	7.33	8.34	9.35	10.43
	水海道著			6.55	7.39	8.41	9.42	10.49
	水海道發	5.33	6.28	7.43		8.43	9.48	10.51
	中妻發	5.42	6.35	7.53		8.50	9.55	10.58
	三妻發	5.52	6.41	8.00		8.56	10.03	11.04
	南石下發	—	6.47	—		9.02	10.09	11.10
	石下發	6.05	6.53	8.12		9.07	10.16	11.13
	玉村發	—	6.58	—		9.12	10.20	11.20
	宗道發	6.17	7.03	8.23		9.17	10.26	11.25
	下妻著	6.24	7.09	8.30		9.23	10.32	11.31
	下妻發	6.27	7.11	8.36			10.35	
	大寶發	6.34	7.17	8.43			10.42	
	騰波ノ江發	6.41	7.24	8.51			10.48	
	黒子發	6.50	7.30	9.00			10.55	
	野殿發	6.57	7.35	9.07			11.01	
	大田郷發	7.03	7.38	9.13			11.04	
	下館著	7.12	7.45	9.22			11.11	
接續	下館發	7.33		9.43			11.49	
接續	笠間著	8.15		10.33			12.30	
接續	友部著	8.27		10.49			12.42	
接續	水戸著	8.51		11.11			13.06	
接續	下館發		7.54	9.40			11.20	
接續	小山著		8.16	10.02			11.44	
接續	下館發		8.08	10.11			12.00	
接續	茂木著		9.31	11.36			13.38	

驛名＼列車番號		71	73	75
大田郷接續	上リ	6.34	12.07	18.42
大田郷接續	下リ	6.59	13.33	17.57
大田郷發		7.05	13.40	18.55
常總關本發		7.19	13.54	19.08
三所著		7.24	13.59	19.14

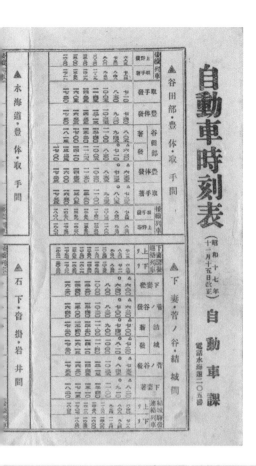

自動車時刻表

【常総鉄道列車・自動車時刻表（1942年）】

太平洋戦争下の1942（昭和17）年11月に改正、発行された常総鉄道の列車・自動車時刻表である。取手～下館間の本線とともに、大田郷～三所間の鬼怒川線（支線）や、国鉄常磐線などの主な列車の時刻も紹介されている。野殿駅は1938（昭和13）年に開業し、1950（昭和25）年頃に廃止された駅である。玉村、南石下駅は1931（昭和6）年に開業しており、大正期、昭和初期の路線図には描かれていない。また、現在の南守谷、新守谷駅などは、この時期には開業していなかった。

常總鐵道株式會社

TX-1000系と同じくつくばエクスプレス開業時に登場したTX-2000形は、TX-1000系と見た目はそっくりであるが、こちらは交直流電車でつくばまでの全線を走行することができる。主な違いは屋根上のパンタグラフ周りや車番が赤地になっている点で、最高速度などは同じ。これにより両形式を見分けることができる。
◎車両総合基地
2003（平成15）年3月
撮影：小川峯生

秋葉原～南千住の先、隅田川の手前までは複線シールドトンネルの秋葉原トンネルを走る。このトンネルは既存の地下鉄トンネルなどを避けるため駅間では駅部よりさらに深く潜っており、急勾配と急曲線が続いている。また新御徒町駅は都営大江戸線と一体で工事施行され、大江戸線の駅の真下に作られた。◎新御徒町　2021（令和3）年7月24日

全線唯一の車両基地はつくばエクスプレス総合基地と呼ばれ、当初予測の旅客流動や直流と交流との電化方式の境目となる守谷駅が出入駅。小貝川の近くに設置され、基地内には留置線と検修設備や工場設備などがある。また八潮駅にも4線の電留線が設けられている。◎つくばエクスプレス総合基地　2018（平成30）年11月3日

南千住〜北千住間で京成電鉄本線と交差する。この区間の京成電鉄本線は戦前、京成電鉄に吸収合併された筑波高速度電気鉄道が途中まで建設した路線を千住大橋から青砥方面に延長した区間にあたる。この筑波高速度電気鉄道は日暮里〜筑波山を結ぶ計画でルートも流山や守谷・谷田部を通るなどつくばエクスプレスのそれにかなり近いものであったが未成に終わっている。◎南千住〜北千住　2021（令和3）年4月26日

2005年の開業時には6両編成15本が用意されたTX-2000系であったが、利用客増加により2008年と2012年に計7本が増備され、この編成からは前面窓下と側面腰部に赤帯と白細帯が入った。また車内は中間の2両がセミクロスシートであったが、2020年までに営業運転に就く全編成でロングシート化された。
◎流山セントラルパーク〜南流山　2020（令和2）年5月24日

つくばエクスプレスの車両コンセプトは「速い鉄道にふさわしいスマートで軽快な車両」「進化する鉄道・進化する街」となっており、前頭部はそれを表現したV字形でスピード感のあるデザインとなった。また形式の"TX"とは"Tsukuba Express"の頭文字から採られている。
◎2005（平成17）年8月27日
撮影：諸河 久

元西武801系のクモハ2001－クモハ2002。「青空」の愛称がある。1994年に入線し、同社初の冷房車、新性能車。
◎馬橋　2003（平成15）年　撮影：小川峯生

元西武551系のクハ80－クモハ1210の2両編成。「なの花」の愛称がある。2両なのでラッシュ時以外に運行。1984年に入線。
◎幸谷～小金城趾　1995（平成7）年　撮影：小川峯生

元西武501系のクモハ1206－サハ63－クモハ1207の３両編成。「銀河」の愛称がある。1980年に入線し1995年に廃車。
３両編成でラッシュ時を中心に運行された。
◎1986（昭和61）年　撮影：小川峯生

総武流山電鉄モハ1101とクハ53の２両編成。モハ1101は元京急クハ480形をモハ化した車両でクハ53は元青梅電気鉄道
の車両である。◎1986（昭和61）年　撮影：小川峯生

筑波山周辺の
絵葉書

（所蔵・文：生田誠）

【筑波山ケーブルカーの
宮脇駅と宮脇発電所
（昭和戦前期）】
筑波山鋼索鉄道時代の筑波山
ケーブルカー（筑波観光鉄道
筑波山鋼索鉄道線）の宮脇駅
と宮脇発電所。当時はここが
始発駅となっていた。

【筑波山ケーブルカー
（昭和戦前期）】
戦前・戦後を通じて筑波登山
客の頼もしい足となっている
筑波山ケーブルカー。上り線
と下り線がすれ違う中央交差
点付近の風景。

【筑波山神社拝殿
（昭和戦前期）】
筑波山神社には西峰頂上に男
体山本殿、東峰頂上に女体山
本殿が存在し、両本殿を遥拝
する形で拝殿が置かれてい
る。

【筑波山測候所（昭和戦前期）】
1902（明治35）年に誕生した日本最初の山岳測候所である
山階宮筑波山測候所。現在は気象観測所となって筑波山神
社が所有、筑波大学が管理している。

【筑波山の北斗石（岩）（昭和戦前期）】
女体山に向かう参道にある北斗岩（石）。天に向かってそび
え立つ姿から、北斗岩と名付けられている。

**【筑波山の茶亭と桜
（昭和戦前期）】**
かつての筑波山神社には、小
野小町の手植えと伝わる「小
町桜」が存在した。その桜の
木と桜塚の茶亭（店）。

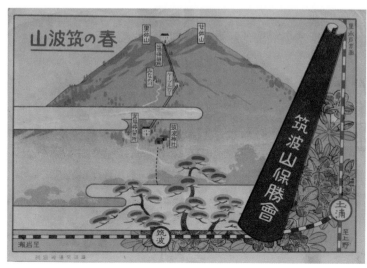

【筑波案内（昭和戦前期）】
戦前に筑波山保勝会・筑波山振興会が発行した筑波山の観光パンフレットである。茨城県筑波町にあった筑波山保勝会（振興会）という団体については不詳ではあるが、戦前に各地にできた史蹟（風景、勝景）を愛護、保存する団体のひとつであったと推測される。こうした２つ折りのパンフレットは、主に春と秋の観光シーズンにおいて、主に東京方面からの行楽客に向けて発行されていた。この頃には上野〜土浦〜筑波間の直通列車も運転されていた。
（３点とも）

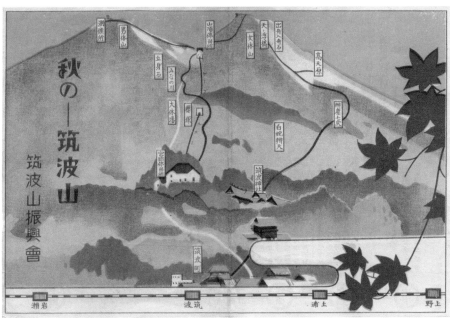

【筑波案内（続き）】
筑波山といえば「万葉集」に登場する歌枕の場所として知られ、江戸時代には「ガマの油売り」でも有名になった。筑波山の登山コースには、現在も「ガマ石」と呼ばれる奇岩が存在しており、ここから口上の初代名人、永井兵助が「ガマの油売り」を考え出したといわれている。筑波山の歌とカエル（ガマ）をつなぐ存在として、デュークエイセスが歌った「筑波山麓混声合唱団」（1970年）という歌を覚えておられる方もいるだろう。なお、筑波山では毎年10月に「筑波山ガマまつり」が行われている。
（3点とも）

【筑波山と筑波鉄道
（大正〜昭和戦前期）】
筑波山を背景にして走る筑波鉄道
の列車。蒸気機関車が小さな客車
を多く連結して走っていた様子が
うかがえる。

【筑波ケーブル宮脇駅
（昭和戦前期）】
1925（大正14）年から運行が開始
された筑波山の登山客用のケーブ
ルカー。筑波山神社の拝殿脇にあ
る宮脇駅が起点となっていた。

【筑波ケーブル筑波山頂駅
（昭和戦前期）】
男体山の山頂近くの御幸ヶ原に置
かれている筑波山頂駅。現在は駅
付近にコマ展望台が存在している。

モハ1100形。車体載せ替えで余剰となった京浜急行クハ480形の旧車体を電装、両運転台化改造し1968（昭和43）年に登場した。モハ1101号の1両のみ在籍し1994（平成6）年まで活躍した。◎流山　1970年代前半　撮影：山田虎雄

時が止まったかのような流山駅。駅舎は流山軽便鉄道建設当初の1916（大正5）年に建てられた。1969（昭和44）年まで駅の南側からキッコーマンの万上工場へ引込線が分岐していた。◎流山　1970（昭和45）年頃　撮影：山田虎雄

常総鉄道が1924 (大正13) 年に投入した汽車会社製のタンク機関車。軸配置1－C－1。8号機および9号機の2両があった。
この9号機は1958年に廃車。◎取手　1954 (昭和29) 年6月　撮影：竹中泰彦

最後部キハ800形803を荷物車 (夕刊輸送) とした常総線列車。キハ800形は1961年に日本車輌東京支店で製造された車体
長20m、空気バネ、ドア間固定クロスシートの優秀車。5両製造され、当初は801～803が常総線に、804、805が筑波線で
使用されたが、後に全車が常総線で使用されロングシート化された。2両目は1963年登場の3ドア・ロングシートのキハ
900形である。◎取手　1979 (昭和54) 年2月　撮影：山田 亮

取手を発車するキハ500形、キハ310形3両編成の水海道行。現在では取手から水海道まで17.5㎞が複線で、民鉄の非電化複線は珍しい。
◎取手
1983（昭和58）年12月
撮影：山田 亮

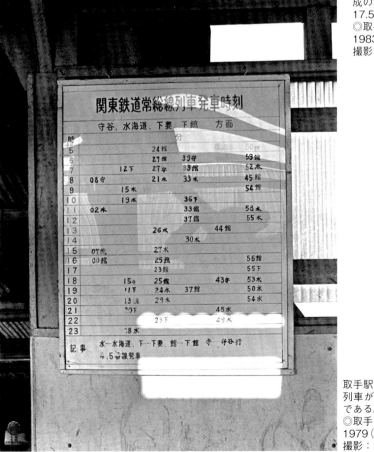

取手駅の常総線発車時刻表。水海道までの区間列車が多く、下館行はデイタイム毎時1本程度である。
◎取手
1979（昭和54）年2月
撮影：山田 亮

キハ500形502とキハ310形2両を連結した3両編成の水海道行。筑波線（後の筑波鉄道）に配属されたキハ500形のうちキハ501、502は1963年に常総線に転属しロングシート化されたが、2ドアのままで1991年まで運行された。
◎取手　1983（昭和58）年12月　撮影：山田 亮

取手で発車を待つキハ310形の水海道行。キハ310形は1976～79年に国鉄キハ17系の台車、エンジン、機器を流用し3ドア、ロングシートの車体を新造した車両でキハ311～318の8両が製造された。
◎取手　1983（昭和58）年12月　撮影：山田 亮

1896（明治29）年12月25日、日本鉄道の駅として開設。1906（明治39）年11月国有化。1913（大正2）年11月1日、常総鉄道取手～下館間開通に伴い乗り入れ。この東口駅舎の建築時期は不明だが1980年4月に改築された。1988年、駅西口に駅ビルが開設された。◎取手　1967（昭和42）年11月23日　撮影：荻原二郎

守谷で交換するキハ41005先頭の取手行。常総筑波鉄道では戦後に国鉄キハ41000形（キハ05形）を譲り受けた。つくばエクスプレスと交差する守谷も1960年代はローカル色豊かだった。◎守谷　1962（昭和37）年8月　撮影：竹中泰彦

下館方面行きのキハ83（2両目は元南武鉄道のクハをディーゼル動車化したキハ40084またはキハ40085）と取手方面行きのキハ41021の交換風景。キハ83は元北九州鉄道（後の国鉄筑肥線）のガソリン動車で1951年に国鉄から譲り受け、1953年にディーゼル動車化された。キハ41021は国鉄キハ41000形（キハ05形）とほぼ同じ車体で1952年に日本車輛で製造された。（台車は在来車から転用）◎水海道　1954（昭和29）年6月　撮影：竹中泰彦

戦時中の1943（昭和18）年に投入された3ドアの客車ホハブ551を1954年にディーゼル動車化しキハ40086となった。改造に際し中央ドアが埋められた。1972年廃車。◎水海道　1954（昭和29）年6月　撮影：竹中泰彦

キハ42002が最後部の下館行。3両編成で後ろから2両目がキサハ51形51または52。キハ42002は1954年の新造車（日本車輌東京支店製造）で当初は機械式ディーゼル動車で、1957年に液体式に改造された。正面2枚窓が特徴。1965年にキハ42001と組んでキハ703（旧キハ42002）とキハ704（旧キハ42001）の2両編成となった。
◎水海道　1962（昭和37）年8月　撮影：髙井薫平

キハ612を先頭にしたキハ610形2両の取手行。キハ610形は元国鉄キハ07形を総括制御に改造した車両。総括制御化に際し前面も改造され、流線形ではなくなったが側面にキハ07形の面影を残している。
◎水海道　1979（昭和54）年2月　撮影：山田 亮

1913（大正2）年11月1日、常総鉄道取手～下館間開通時に開設。常総鉄道の本社が置かれていた。1973年、現在の駅舎に改築。◎水海道　1967（昭和42）年11月23日　撮影：荻原二郎

1920（大正9）年2月1日開設。現在の駅舎は改築されているが無人駅である。
◎中妻　1967（昭和42）年11月23日　撮影：荻原二郎

下妻に停車中のキハ41005単行の下館行。国鉄キハ41000形（キハ05形）を譲り受けた車両。
◎下妻　1962（昭和37）年8月　撮影：竹中泰彦

DB11は三所支線（大田郷～三所→鬼怒川支線とも呼ばれる）用として1953（昭和28）年に東急横浜製作所（後の東急車輛）で
製造された機械式ディーゼル機関車で国鉄キハ17系のDMH17形機関（150PS）を搭載。軸配置はB型。車掌室付き木造貨
車と木造客車を牽引。◎大田郷　1955（昭和30）年8月　撮影：竹中泰彦

1889（明治22）年1月16日、水戸鉄道の駅として開設。1892（明治25）年3月1日本鉄道となる。1906年11月国有化。1913（大正2）年11月1日、常総鉄道乗り入れ。1937年4月、現在の駅舎が完成。現在でも改装されているが当時の姿を残して使用されている。◎下館　1966（昭和41）年3月20日　撮影：荻原二郎

土浦で停車中の筑波線キハ402。土浦は国鉄常磐線下りホーム2番線の反対側1番線から発車。国鉄との中間改札なし。キハ400形401、402は旧播丹鉄道（後の国鉄加古川線）のガソリン動車で戦後に国鉄から譲り受けディーゼル動車に改造された。◎土浦　1965（昭和40）年頃　撮影：山田虎雄

1935年日本車輌製の流線形気動車（当初はガソリン動車）。北海道鉄道（後の国鉄千歳線）、弘南鉄道（青森）を経て1954年に筑波線に転入。記号はホハフ（客車）だが気動車の付随車として運行され実質的にはキサハである。
◎真鍋
1960（昭和35）年頃
撮影：辻阪昭浩

1953年、新三菱重工三原製作所で製造された軸配置Ｃ型のディーゼル機関車。出力280PSで筑波線で貨物列車を牽引。
◎真鍋
1960（昭和35）年頃
撮影：辻阪昭浩

1959年に日本車輛東京支店で製造されたキハ500形。車体長18ｍの大形車で左のキハ504は空気バネ台車、右のキハ502はコイルバネ台車。キハ500形はキハ501～505の5両があったがそのうち2両（504、505）は空気バネ台車。
◎真鍋
1960（昭和35）年頃
撮影：辻阪昭浩

1959年に登場したキハ500形は筑波山への観光輸送のためドア間の窓4個分が固定クロスシートの18ｍの大形車。筑波線で運行され、岩瀬から水戸線に乗入れ小山への直通列車にも使用された。画面左にキハ505が見える。キハ500形のうち501、502は1963年に常総線に転属しロングシート化された。
◎真鍋
1960（昭和35）年頃
撮影：辻阪昭浩

筑波線のキハ305。1935年、日本車輛東京支店で製造された常総鉄道のガソリン動車で当初はキホハ61と称し、後にキハ61となる。戦後にディーゼル動車化され、1955年に筑波線に転属しキハ305となった。
◎水海道
1962（昭和37）年5月
撮影：竹中泰彦

対向列車から撮影したキハ504（空気バネ台車付き）を先頭にしたキハ500形2両の岩瀬行。キハ500形はドア間固定クロスシートで筑波山への観光路線にふさわしかった。◎常陸藤沢　1961（昭和36）年頃　撮影：辻阪昭浩

元播丹鉄道（後の国鉄加古川線）のガソリン動車を国鉄から譲り受けたキハ400形401の岩瀬行。キハ400形（401、402）は譲り受け後にディーゼル動車化された。筑波はホーム2面3線で折返し列車に対応している。
◎筑波　1961（昭和36）年頃　撮影：辻阪昭浩

筑波鉄道樺穂で交換する雄別鉄道からの転入車キハ810形812単行の土浦行。キハ810形はキハ760形と性能的には同じだが窓が国鉄キハ22（北海道用）と同様の一段上昇窓である。後方は北側から見た筑波山。
◎樺穂　1980（昭和55）年2月　撮影：山田 亮

国鉄キハ05形を譲り受けたキハ41007。右側に木造の岩瀬駅舎が見えるが、現在でも改装されているが当時の面影を残している。水戸線は当時非電化で1967年3月に交流電化された。◎岩瀬　1963（昭和38）年4月26日　撮影：荻原二郎

1889（明治22）年１月16日、水戸鉄道の駅として開設。1892（明治25）年３月１日本鉄道となる。1906年11月国有化。
1918（大正７）年９月７日、筑波鉄道乗り入れ。開設時の駅舎が現在でも改装の上で使用されている。
◎岩瀬　1963（昭和38）年４月26日　撮影：荻原二郎

筑波線の終点岩瀬で発車を待つキハ301形303。筑波鉄道が1937（昭和12）年に投入したガソリン動車でキハ301〜303（３
両）があった。戦後にディーゼル動車となる。◎岩瀬　1955（昭和30）年３月　撮影：竹中泰彦

つくばエクスプレスのルート案

茨城県案　【Aルート】都心から北千住、柏市北部から取手を経て、筑波研究学園都市へ至るルート
　　　　　　　【Bルート】都心から北千住、柏市北部、守谷を経て、筑波研究学園都市へ至るルート（建設ルート）
　　　　　　　【Cルート】都心から北千住、柏市北部、水海道を経て、筑波研究学園都市へ至るルート
　　　　　　　【Dルート】都心から北千住、七光台、石下を経て、筑波研究学園都市へ至るルート

千葉県案　【1ルート】秋葉原から北千住、南流山、豊四季を経て、我孫子へ至るルート
　　　　　　　【2ルート】東京（鍛冶町）から新小岩、新松戸、豊四季を経て、我孫子へ至るルート
　　　　　　　【3ルート】扇橋から新小岩、新松戸、豊四季を経て、我孫子へ至るルート
　　　　　　　【4ルート】新橋から新小岩、新松戸、豊四季を経て、我孫子へ至るルート
　　　　　　　【5ルート】秋葉原から新小岩、新松戸、豊四季を経て、我孫子へ至るルート
　　　　　　　【6ルート】秋葉原もしくは新橋から、松戸、柏を経て、我孫子へ至るルート

つくばエクスプレスの年表

1985（昭和60）年7月11日	運輸政策審議会において「常磐新線の新設」が答申される。
1988（昭和63）年11月	常磐新線整備検討委員会において「常磐新線整備方策の基本フレーム」が合意される。
1991（平成3）年3月15日	首都圏新都市鉄道株式会社が設立される。
1992（平成4）年1月	「首都圏新都市鉄道」に対して鉄道事業免許が交付される。
1993（平成5）年1月25日	秋葉原〜新浅草間約3.4kmの工事施行が認可される。
1994（平成6）年3月	常磐新線計画（守谷〜伊奈・谷和原間）について都市計画決定の告示される。
1994（平成6）年10月28日	常磐新線の起工式が秋葉原で挙行される。
1995（平成7）年2月	東京都が新浅草〜六町間約9.9kmの工事施行を認可する。
1996（平成8）年12月20日	政府が鉄道整備計画の見直しの概要を公表し、2000年の開業予定を2005年に変更する。
1998（平成10）年12月	流山新市街地〜守谷間約6.1kmの工事施行が認可される。
1999（平成11）年3月	伊奈・谷和原〜つくば間約12.2kmの工事施行が認可される。
1999（平成11）年6月	つくば市内区間について都市計画決定の告示され、秋葉原〜つくば間の全線が都市計画決定される。
2001（平成13）年2月2日	首都圏新都市鉄道より路線新名称が「つくばエクスプレス」と発表される。
2002（平成14）年8月	つくばエクスプレスの車両デザインが決定される。
2003（平成15）年4月1日	総合基地内で第1期車両走行試験を実施される。TX車両見学会を各地で開催。
2004（平成16）年1月	量産車の総合基地への搬入が開始される。
2004（平成16）年11月1日	全線走行試験開始される（2005年6月30日まで）。
2005（平成17）年7月22日	完成検査に合格する。
2005（平成17）年8月24日	秋葉原駅〜つくば駅間開業。各駅で1番列車発車前に出発式を挙行。秋葉原〜北千住間で列車内無線LAN接続の実用実験が開始される。
2007（平成19）年3月18日	PASMOを導入する。
2009（平成21）年5月25日	1日平均乗車人数が、2009年4月の段階で開業時の目標である27万人を突破する。
2009（平成21）年6月5日	平成20年度の営業実績が開業以来初の黒字となったことを発表する。
2010（平成22）年5月25日	平成21年度の1日平均乗客数が、平成22年度の目標としていた27万人を上回ったことを発表。
2011（平成23）年3月11日	東北地方太平洋沖地震（東日本大震災）発生直後より終日全線で運転見合わせる。
2011（平成23）年9月12日	平日ダイヤも震災前の通常ダイヤに戻しての運行となる。
2012（平成24）年10月15日	ダイヤ改正で通勤快速を新設される。
2017（平成29）年3月19日	守谷駅と総合基地を結ぶ入出庫線が複線化される。
2020（令和2）年3月14日	TX-3000系の運行を開始する。

2章
つくばエクスプレス
各駅探訪

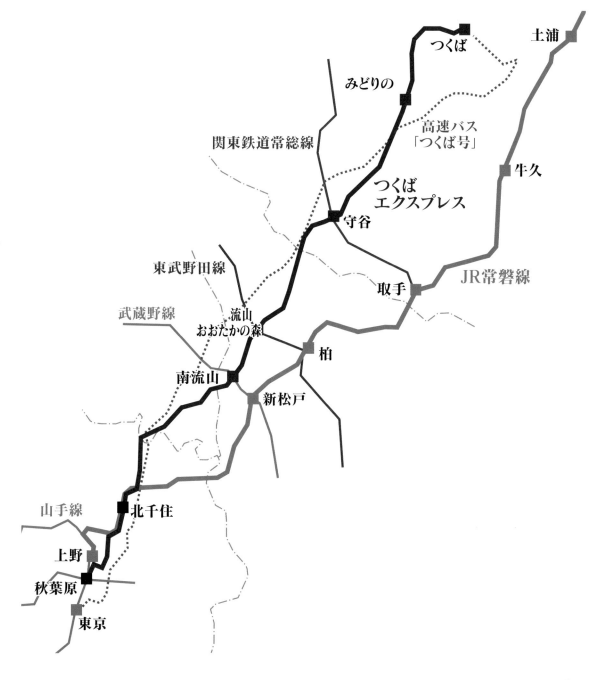

土浦

つくば

みどりの

高速バス
「つくば号」

関東鉄道常総線

牛久

つくば
エクスプレス

守谷

東武野田線

取手

JR常磐線

武蔵野線

流山
おおたかの森

柏

南流山

新松戸

山手線

北千住

上野

秋葉原

東京

秋葉原駅

所在地：東京都千代田区神田佐久間町１－６－10
開業：2005（平成17）年８月24日
キロ程：0.0km（秋葉原起点）　ホーム：１面２線
乗降人員：52,007人/日（2022年）

1985（昭和60）年につくば学研都市で開催された国際科学技術博覧会（科学万博）から、20年が経過した2005（平成17）年８月、首都・東京のターミナル駅である秋葉原駅を起点駅として、茨城県のつくば駅に至るつくばエクスプレス（常磐新線、TX）が開業した。この時期、世界一の電気街として知られていた秋葉原の街は、新しい業種の店舗が増え、国際的にもさらに有名になっていく。メイド喫茶、カードゲーム店などが誕生し、会いに行かれるアイドル・AKB48の存在もあって、日本人だけではなく外国人観光客も多数訪れる最先端の街となった。

さて、秋葉原に駅を置くのは、JR山手線・京浜東北線と総武・中央本線、そして東京メトロの日比谷線である。また、駅名は異なれども、東京メトロ銀座線の末広町駅、都営地下鉄新宿線の岩本町駅は乗り換え可能な連絡駅となっている。新幹線の各線に乗り換える場合も、東京駅と上野駅の中間にあたり、各地へのアクセスがとても便利な場所にある。

この秋葉原に最初に駅を置いたのは、現在の東北本線・山手線などの前身となる日本鉄道だった。1890（明治23）年11月、日本鉄道はここに秋葉原貨物取扱所を開設するが、これは貨物駅であり、旅客業務は行われていなかった。当時、上野駅を起点として、北関東、東北方面に路線を延ばしていた日本鉄道がなぜ、秋葉原の地に貨物駅を置いたかといえば、このあたりには明治初期にできた火除地が広がり、貨物駅に適した空き地が存在していたからである。上野駅で旅客業務を行う中では、貨物輸送の増大により貨物との双方の業務を行うのは難しく、新しく広い駅を求めて南進したのである。

日本鉄道は地上に秋葉原線と呼ばれる貨物線を敷設し、将来的には旅客線として高架化する計画だった。しかし、この計画は実現しないままに放置されて、国有化後の1925（大正14）年11月によ うやく上野～東京間の旅客線が開通する。実に貨物駅の開業から35年の年月が経過していた。また、貨物駅の開業当時、鉄道以外の陸上輸送の手段は貧困で、主力となる輸送は船舶を使った水上輸送であった。そのため、秋葉原駅には神田川との間を水路で結ぶ掘割が設けられた。この掘割は戦後に埋め立てられて、現在は公園になっている。

1932（昭和７）年７月、総武本線と中央本線を直結する御茶ノ水～両国間が開通し、山手線・東北本線とはこの秋葉原駅でクロスする形になった。それより先、1930（昭和５）年１月には駅の西側に、東京地下鉄道（現・東京メトロ銀座線）の末広町駅が開業している。戦後の1962（昭和37）年５月には日比谷線の秋葉原駅が開業し、1978（昭和53）年12月に都営新宿線の岩本町駅が開業している。そして、いよいよ2005（平成17）年８月、首都圏新都市鉄道（つくばエクスプレス）の秋葉原駅が開業するのである。

ここで、駅の構造を説明すると、つくばエクスプレス線の秋葉原駅と各地下鉄の駅は地下駅であり、つくばエクスプレス線のホームは島式ホーム1面２線となっている。また、JRの秋葉原駅は、山手線・京浜東北線が島式ホーム２面４線、総武線は相対式ホーム２面２線の高架駅の構造である。

「秋葉原」の地名は、「秋葉」＋「原」の意味で、このあたりに秋葉神社があったことに由来する。1870（明治3）年に鎮火三神を祀る「鎮火社」が勧請されたが、人々は火の神様として有名な秋葉権現と混同し、「秋葉社」と呼ぶようになった。そこから「秋葉原」の地名が生まれ、「アキバ」という略称も流通するようになった。この鎮火社は明治中期の秋葉原線の開通に伴い、現在の台東区松が谷に遷宮して、秋葉神社となっている。

この秋葉原駅とその周辺については、記すべきことが多いが、忘れてはいけないのは、秋葉原ラジオ会館とアキハバラデパートの存在だろう。秋葉原ラジオ会館の旧ビルは1962（昭和37）年に竣工し、長く秋葉原のランドマークとなっていたが、この旧ビルは取り壊されて、2014（平成26）年に新しいビルに変わった。また、アキハバラデパートは1951（昭和26）年に開店した駅ビル内の名物店舗で、こちらも長く駅利用者に親しまれていたが、2006（平成18）年に閉店。現在はアトレ秋葉原１に変わっている。

1932（昭和7）年に御茶ノ水〜両国間の総武・中央本線が開通した際に発行された絵葉書の1枚。天井の高さが際立つ秋葉原駅の構内。

現在の秋葉原駅（地上出入口）。

所狭しとトラック、オート三輪が停まって、荷物が積まれている神田青果市場（東京都中央卸売市場神田市場）。人の姿は少ないけれど、活気ある市場の様子が伝わってくる写真である。しかし、これほど賑やかだった神田青果市場でも、巨大都市・東京に住む人々の胃袋を満たすことはできなくなり、秋葉原の一等地を離れることとなる。1989（平成元）年、東京都中央卸売市場神田市場は廃止されて、同大田市場が大田区に開設された。跡地には秋葉原UDXなどが建てられている。
◎1963（昭和38）年10月4日　撮影：朝日新聞社

秋葉原駅周辺

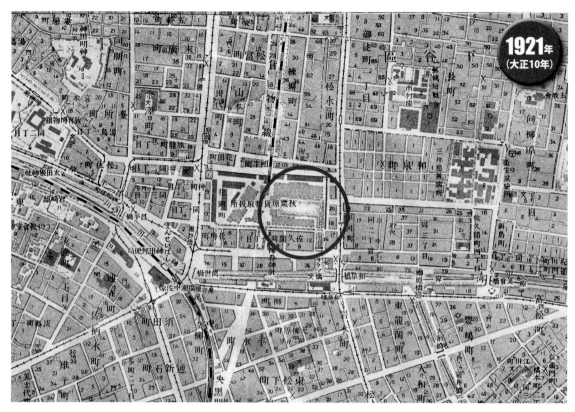

1921年
（大正10年）

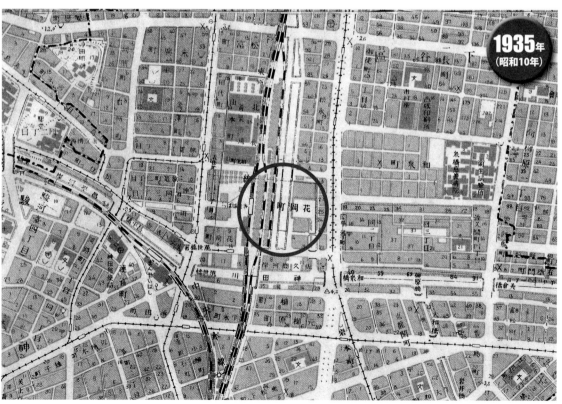

1935年
（昭和10年）

平成の地図を見れば分かるように、台東区の「秋葉原」という住居表示は駅の東側にあり、駅周辺は千代田区の神田地区である。当初、ここに秋葉原貨物取扱所（貨物駅）が置かれた頃は、花岡町・佐久間町など小さな町に分かれていた。大正の地図に見える柳森神社は現在も神田川の南岸に鎮座している。昭和の地図では、山本町に神田青果市場があったことが分かる。この跡地は現在、秋葉原UDXなどに変わっている。花岡町、佐久間町などの地名は「神田」が付いたものの現在も使用されている。

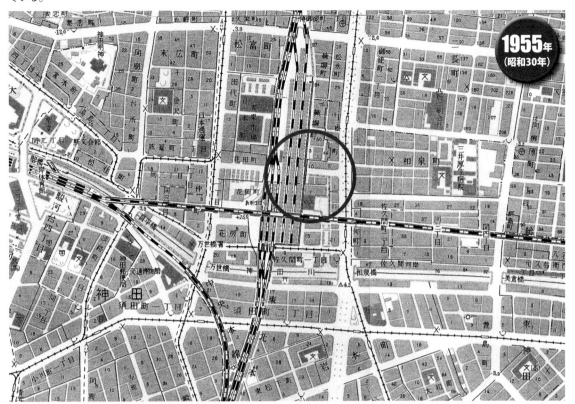

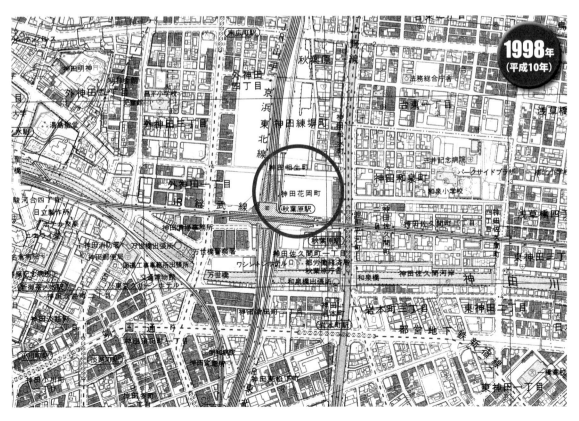

新御徒町駅

所在地：東京都台東区小島2−21−18
開業：2005（平成17）年8月24日
キロ程：1.6km（秋葉原起点）　ホーム：1面2線
乗降人員：19,160人/日（2022年）

　2005（平成17）年8月に開業した新御徒町駅。「新御徒町」を名乗るからには、先行する御徒町駅の存在がある。JRの御徒町駅は1925（大正14）年11月の開業で、新御徒町駅の西側、約600メートル離れた場所にある。新御徒町駅の所在地は台東区元浅草1丁目で、つくばエクスプレス駅よりも早く、2000（平成12）年12月に都営地下鉄大江戸線の新御徒町駅が開業している。なお、JR御徒町駅の所在地は台東区上野5丁目である。

　「御徒町」の地名は江戸時代、徳川幕府において、将軍や江戸城の警護を行う徒士（御徒）が多く住んでいたことに由来している。彼らは下級武士であり、多くは長屋で暮らしていた。また、職人が多く住む街でもあり、傘を作る職人らは有名だった。そうした古い歴史は、御徒町駅付近に現在も宝飾店が多数存在することにつながっている。

　JR御徒町駅前を通って東に進み、新御徒町駅の上を通って都営地下鉄の蔵前駅、隅田川に架かる蔵前橋方面に延びているのが春日通りである。このあたりの春日通りは都道453号本郷亀戸線となっている。なお、つくばエクスプレス線は都営地下鉄大江戸線とともに東に進み、台東区寿3丁目付近で北に転じ、国際通り（都道462号蔵前三ノ輪線）の下を走ることとなる。

　この新御徒町駅の北側には、東京都立白鷗高校が存在している。この学校は、1888（明治21）年に東京府高等女学校として開校し、1901（明治34）年に東京府立第一高等女学校となった。戦後は都立に変わり、1950（昭和25）年に都立白鷗高校になっている。卒業生には、漫画家の池田理代子氏、作家の芝木好子氏、自由学園設立者の羽仁もと子氏、女優の沢村貞子、奈良岡朋子らがいる。また、駅の南側、鳥越神社に近い場所には都立忍岡高校が存在している。こちらは1903（明治36）年、日本女子美術学校として創立された後、東京市に移管され、1912（明治45）年に東京市立第一実科高等女学校となった。1929（昭和4）年、東京市立忍岡高等女学校と変わり、1950（昭和25）年に都立忍岡高校となっている。

　忍岡高校の北東（台東区鳥越2丁目）に鎮座している古社が、千貫神輿が繰り出す鳥越祭で有名な鳥越神社である。神社の創建は古く、651（白雉2）年に白鳥村の住民が「白鳥明神」を祀ったのが起源とされる。平安時代に奥州に向かう源頼義、義家父子がこの地に立ち寄った際、白い鳥が飛び立つことを見て浅瀬を知り、大川（隅田川）を渡ることができたことから、白鳥明神を「鳥越大明神」と奉った。江戸時代には3つの神社があったが、2社が他に移り、残ったのが現在の鳥越神社である。毎年6月に例大祭（鳥越祭）があり、1月8日には、とんど焼きが行われている。この神社の西側、鳥越1丁目の鳥越本通りには「おかず横丁」と呼ばれる、活気のある下町の商店街が存在している。

　新御徒町駅付近をほぼ南北に通っているのが清洲橋通り。この西側を走り、南側で清洲橋通りに合流するのが佐竹商店街である。ここは日本で2番目に古い商店街を名乗っており、賑やかなアーケード商店街となっている。「佐竹」の名称は江戸時代、このあたりに秋田藩佐竹氏の上屋敷があったことに由来している。また、忍岡高校がある付近には平戸藩松浦氏の屋敷があった。この屋敷の庭園は、鳥越川から水を引いた名園、蓬莱園として知られ、関東大震災頃まで存在していた。この蓬莱園にあったイチョウの木は、忍岡高校の校内に残り、都の天然記念物に指定されている。

　新御徒町駅がある春日通りの北側を並行して走る浅草通りには、東京メトロ銀座線の稲荷町駅が置かれている。この駅は1927（昭和2）年12月に開業した日本の地下鉄における最古参駅のひとつである。「稲荷町」の駅名は、都内最古の稲荷神社である下谷神社に由来する。この下谷神社も、新御徒町駅から徒歩で行ける範囲内にある。

現在の新御徒町駅（地上出入口）。

【御徒町駅（1925）年】
東京〜上野間の高架線が1925（大正14）年開通し、秋葉原〜上野間に新たに開業した旅客駅、御徒町駅の構内。

【松坂屋上野店（1957）年】
松坂屋上野店には1957（昭和32）年、新たに南館が誕生した。

佐竹商店街は台東区台東4丁目春日通りから南側の台東3丁目清洲橋通りに至る全長330mの全蓋式アーケード商店街である。新御徒町駅Ａ2出入口が商店街の入口にある。
◎佐竹商店街
2012（平成24）年11月16日

新御徒町駅周辺

1921年
（大正10年）

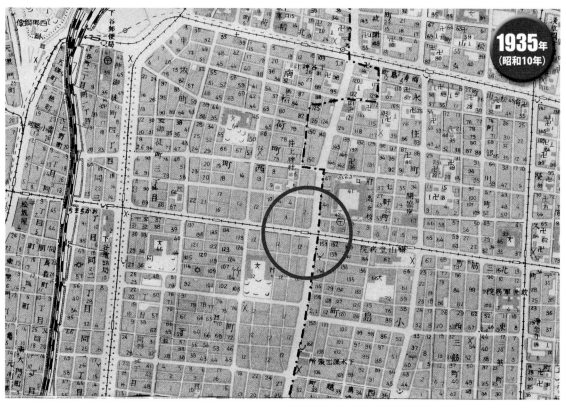

1935年
（昭和10年）

大正の地図では「文」マークの学校が点在しており、立花邸、加藤邸、菊池邸などの邸宅も残っていた。平成の地図では、白鷗高校・小島小学校・平成小学校・御徒町中学校・台東中学校などが残っている。戦前に市電が通っていた大通りとは異なり、徐々に整備されていった清洲橋通りが中央部、白鷗高校の西側を南北に走っている。このあたりでは西側を走る山手線・京浜東北線と中央通り、昭和通り（首都高速1号線）の間の距離はかなり近いことが分かる。

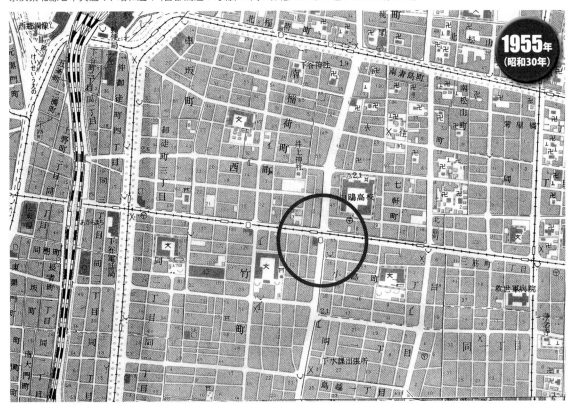

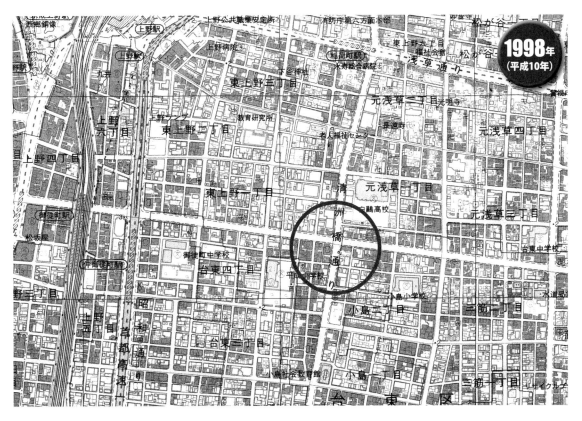

浅草駅

所在地：東京都台東区西浅草3−1−11
開業：2005（平成17）年8月24日
キロ程：3.1km（秋葉原起点）　ホーム：1面2線
乗降人員：9,273人/日（2022年）

　賑やかな国際通り（都道462号蔵前三ノ輪線）の下を走ってきたつくばエクスプレス線は、観光客に人気のある下町の繁華街、浅草にやってきた。浅草の中心である浅草寺、浅草公園の西側に置かれているのが、つくばエクスプレスの浅草駅である。島式ホーム1面2線をもつ地下駅がある所在地は、台東区西浅草3丁目である。

　浅草という街は隅田川の畔に発展した街だが、この駅のある場所は川からは少し距離がある。駅の南側を走る雷門通りを東に行けば、浅草寺の雷門の南側を通って吾妻橋に至る。ここに置かれているのが、東武鉄道伊勢崎線（スカイツリーライン）の始発駅である浅草駅、東京メトロ銀座線の起終点駅である浅草駅、そして都営地下鉄浅草線の浅草駅である。なお、都営浅草線の浅草駅は起終点駅ではなく、中間駅となっている。

　つくばエクスプレス線が通る国際通りの「国際」の名称は、かつてこの通りに面して建てられていた国際劇場に由来している。現在は浅草ビューホテルが建つ場所にあった国際劇場は、1937（昭和12）年に開場した大劇場で、地上4階、地下1階建てで、座席数は3860席。一説には5000人収容ともいわれ、「東洋一の五千人劇場」とも呼ばれていた。ここは松竹歌劇団（SKD）の本拠地であり、戦前、戦後を通じて、水の江瀧子らの松竹少女歌劇のレビューが名物だった。戦後は美空ひばり、島倉千代子らの歌謡ショーが人気を呼び、女剣劇や喜劇も上演されていた。1982（昭和57）年に閉場した後、跡地には1985（昭和60）年に地上28階、地下3階建ての浅草ビューホテルが開業している。

　ここで忘れることができないのは、明治・大正期において、浅草のシンボルだった浅草十二階こと凌雲閣である。1890（明治23）年に竣工した凌雲閣は高さ52メートル、十二階建ての高塔で、電動式エレベーターで昇ることができた。この塔は、パリのエッフェル塔にたとえられ、浅草ばかりでなく東京の街を一望することができた。しかし、関東大震災の発生で8階から上が倒壊し、陸軍赤羽工兵隊により爆破されて姿を消した。その遺構の赤レンガは現在でも、国際通り付近の建築工事において、地下から見つかることがある。

　さて、浅草の地を語る上で、浅草寺のことを抜きにすることはできない。「浅草観音」として崇敬を集めてきた金龍山浅草寺は、もとは天台宗に属していたが、戦後の1950（昭和25）年に独立して、聖観音宗の本山となった。創建は628（推古天皇36）年で、東京都では最古の寺院である。境内には五重塔、本堂、仁王門（宝蔵門）などがあり、表参道の南側に建つ雷門は、1960（昭和35）年に再建されて復活した。ここから続く仲見世は、土産物店などが並ぶ日本最古の商店街である。また、本堂の東側にある二天門は国の重要文化財に指定されている。境内には、九世市川団十郎の「暫」像や、日本のナイチンゲール、瓜生岩子氏の銅像などが建てられている。

　この浅草寺とともに北西に位置する観光スポットが、レトロ遊園地として知られる浅草花やしきである。ここは1853（嘉永6）年に開園した日本最古の遊園地で、幕末から明治にかけては牡丹や菊細工が有名な植物園「花屋敷」だった。面積は約5800平方メートルで、遊園地としてはかなり狭く、一時は客足も落ち込んだが、日本最古のローラーコースターが残っていることなど、レトロな魅力が再び注目されて、現在は若者にも人気のあるスポットとなっている。

　浅草にはこのほか、正月に新春浅草歌舞伎公演が行われる浅草公会堂や池波正太郎記念文庫がある台東区中央図書館、浄土真宗東本願寺派の本山である東本願寺などがある。また、来日する外国人に大人気の問屋街、かっぱ橋道具街も、この浅草駅からは近い場所にある。

現在の浅草駅（地上出入口）。

宝蔵門を経て、1958（昭和33）年に再建された本堂まで、仲見世が通る浅草寺を中心とした浅草付近の空撮である。東京大
空襲で焼失した本堂、宝蔵門は復活したものの、五重塔が再建されるのは1973（昭和48）年まで待たねばならなかった。一時、
その代わりになっていたのはこの年（1967年）に建てられる東京スペースタワー（後にポニータワー）で、1973（昭和48）年
まで存在した。その奥には花やしきが見え、国際通り沿いには国際劇場が建っていた。
◎1967（昭和42）年9月22日　撮影：朝日新聞社

浅草駅周辺

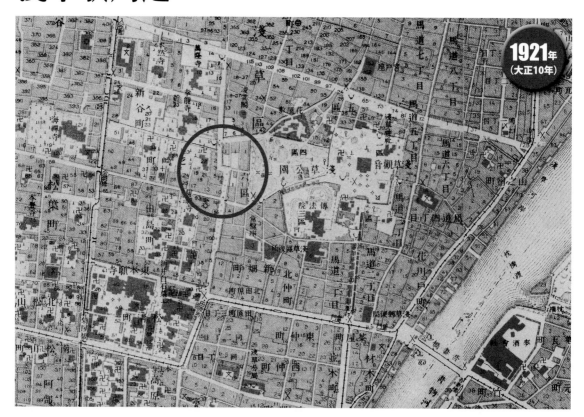

1921年
（大正10年）

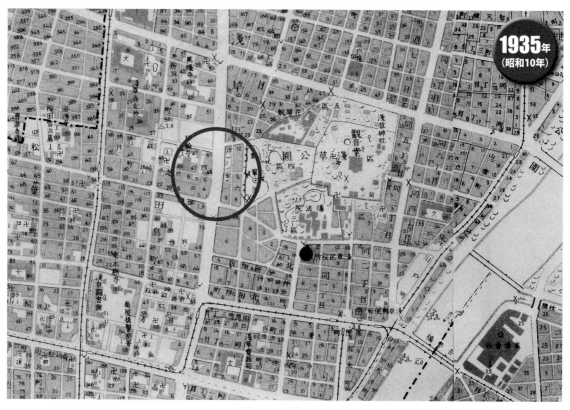

1935年
（昭和10年）

大正の地図では凌雲閣（浅草十二階）、戦後の地図では国際劇場、平成の地図では浅草ビューホテルが見え、国際通りが通るこの付近の風景の変遷を知る一助となっている。浅草郵便局は戦後に移転してその跡地の郵便局は雷門郵便局に変わり、現在はさらに南側に移転している。東京市電（都電）は上野駅・菊屋橋方面から浅草通りを走り、移転後の浅草郵便局の角を左に曲がった後に右折し、雷門通りを走っていた。現在の浅草公会堂の場所には、戦前は浅草区役所が存在した。

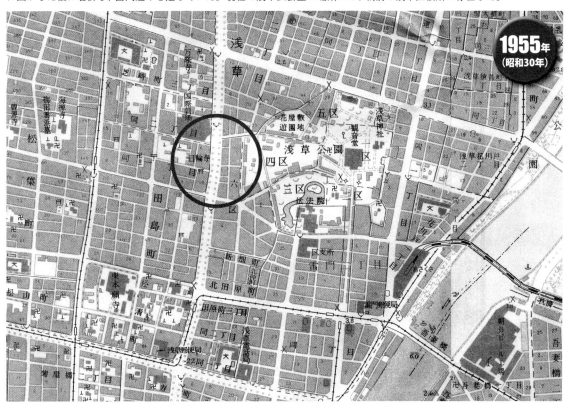

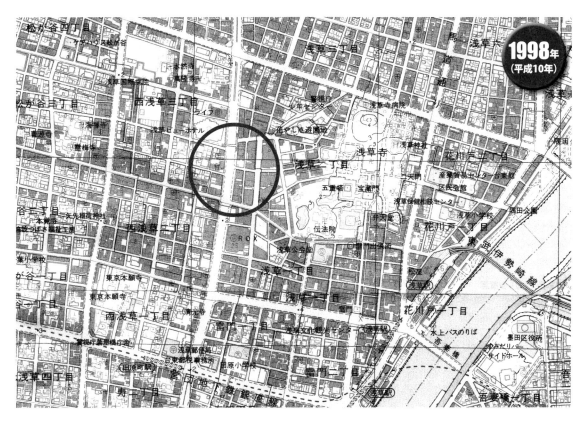

南千住駅

所在地：東京都荒川区南千住４−４−１
開業：2005（平成17）年８月24日
キロ程：5.6km（秋葉原起点）　ホーム：２面２線
乗降人員：5,672人/日（2022年）

　国際通りの下を北上するつくばエクスプレス線は、東京メトロ日比谷線の三ノ輪駅の手前で北東に進路を変え、南千住駅にたどり着く。ここは既にJR常磐線、東京メトロ日比谷線が駅を置いており、３番目の南千住駅となった。駅の開業は2005（平成17）年８月であり、日比谷線の駅は1961（昭和36）年３月、常磐線の駅は1896（明治29）年12月に開業している。常磐線の駅は、開業当初は私鉄の日本鉄道の駅だった。これらの３駅は、荒川区南千住４丁目に置かれている。

　ここまで地下を走ってきた、つくばエクスプレス線の南千住駅は、相対式ホーム２面２線をもつ地下駅で、ほかの２駅は高架線を走っている。常磐線の駅は島式ホーム１面２線の高架駅、地下鉄日比谷線の駅も相対式ホーム２面２線の高架駅となっている。こうした旅客駅とともに忘れてならないのは、東側に広がるJR貨物の隅田川駅である。ここは常磐線貨物支線（隅田川貨物線）の貨物駅であり、日本鉄道時代の1896（明治29）年12月に開業している。

　こちらは南北に５面10線のコンテナホームが並ぶ地上駅で、かつてはさらに北東の隅田川沿いに広がっていた。削られた部分には現在、高層マンションが建てられている。また、この北側には1961（昭和36）年に営団地下鉄（現・東京メトロ）の千住車両基地が誕生している。正式には日比谷線の車両が所属する千住検車区で、以前は千住工場が隣接していた。この工場は2004（平成16）年に半蔵門線の鷺沼工場に統合されて、現在はメトロ車両千住事業所として使用されている。

　「千住」は江戸時代、五街道のうちの日光街道、奥州街道の宿場町である千住宿があった場所。この千住宿は、江戸四宿のひとつで、宿場としては最大のものだった。その範囲は隅田川の南北にまたがり、現在の足立区千住、千住仲町、千住橋戸町、荒川区南千住にあたる。もともとの宿場町は現在の北千住駅がある千住１〜５丁目付近だったが、だんだんと南側に広がっていき、現在の南千住に当たる場所に千住宿南組（南宿、下宿）が誕生した。

　隅田川の南に位置する南千住は現在、荒川区に属しているが、かつては北豊島郡に南千住町が存在した。江戸時代にあった小塚原町と中村町が後に千住宿南組となり、1878（明治11）年に千住南

組と変わる。1889（明治22）年、この千住南組の大部分と三ノ輪村や三河島村などの一部が一緒になって、南千住町が誕生した。南千住町は1932（昭和７）年に東京市に編入されて、荒川区の一部となった。

　このあたりで有名な場所は、小塚原町にあった小塚原刑場である。ここは江戸時代前期の1651（慶安４）年に創設された刑場で、南の鈴ヶ森刑場とともに江戸の二大刑場となっていた。1667（寛文７）年には隣接地に死者の埋葬、供養を行う常行堂ができ、後に南千住回向院に発展する。また、1769（明和６）年には浅草にあった五三昧（火葬場）が移転してきて、江戸の北の一大火葬場となった。1771（明和８）年、後に「解体新書」を出版することになる杉田玄白、前野良沢らが、この小塚原刑場で刑死者の解剖に立ち合い、オランダ語の書籍「ターヘル・アナトミア」の内容と照らし合わせたことは有名である。1998（平成10）年、つくばエクスプレス線の工事中には、この付近で104人分の頭蓋骨が発見されて話題となったことがある。

　明治期には、常磐線の開通により、浄土宗の南千住回向院と延命寺が南北に分離された。回向院には橋本佐内、吉田松陰や毒婦・高橋お伝らが埋葬されており、寺の入り口には昭和の大事件「吉展ちゃん事件」の犠牲者を供養する吉展地蔵尊もある。また、延命寺には首切地蔵と題目塔が残されている。

　江戸時代の日光街道は現在、国道４号となり、この地域を北に進んで北関東、東北地方に至る大動脈となっている。南千住駅付近では、言問橋方面から延びてくる都道464号言問橋南千住線（吉野通り）と合流している。また、三ノ輪方面から東に延びる明治通り（都道306号）は、白鬚橋で隅田川を渡ることとなる。

　この明治通りと都道464号が交わるのが泪橋交差点で、かつては小塚原刑場付近を流れる思川の橋が存在した。泪橋とは、刑場に向かう罪人が家族らと別れる場所で、互いに涙を流したことからその名が付けられた。現在、南千住付近にある橋としては、都立汐入公園の東側、上流の隅田川に水神大橋が架けられている。

現在の南千住の改札口付近。

南千住駅・隅田川駅付近。隅田川駅の貨物ヤードの向こうには、東京スカイツリーが見える。

隅田川、荒川を背景にして南千住の街が広がる中、JR常磐線などの南千住駅とJR貨物の隅田川駅の貨物ヤードが大きな面積を占めている。南千住の街は日光街道・奥州街道の千住宿として発達し、明治維新後には北豊島郡の南千住町となり、1932（昭和7）年に東京市に編入されて荒川区の一部となっていた。近年は現・東京メトロ日比谷線、つくばエクスプレスの開通などにより交通の便利さがアップし、水辺タウンの住宅地として人気のある街となっている。

南千住駅周辺

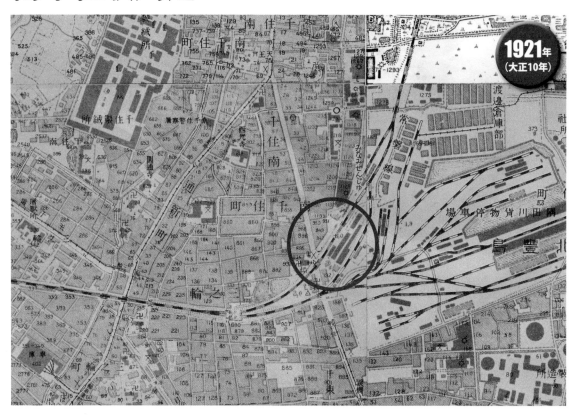

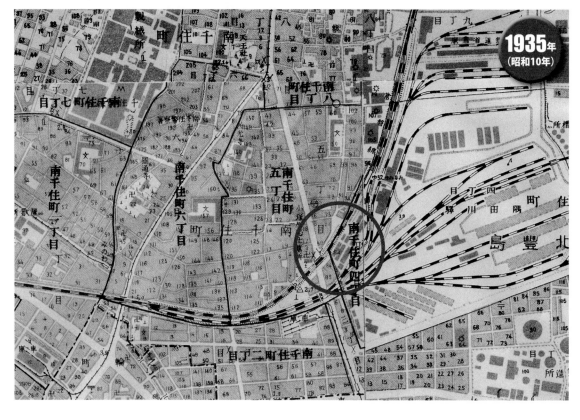

左上（北西）に見える千住製絨所と比べても、右（東）側に広がる隅田川貨物停車場（隅田川駅）の大きさは段違いである。千住製絨所は戦後に大和毛織工場に変わり、跡地には荒川総合スポーツセンター・荒川工業高校などが誕生している。東側にあった南千住警察署もこの跡地に移っている。昭和の地図に見える小塚原志士墓所は、平成では回向院と記されている。近年は人口が増加し、超高層マンションなども建設されている地区であり、新しい学校も誕生している。

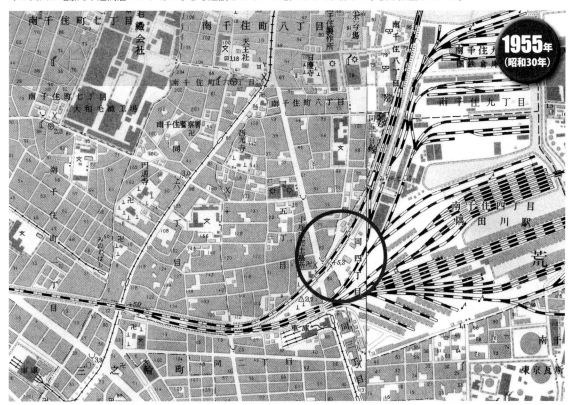

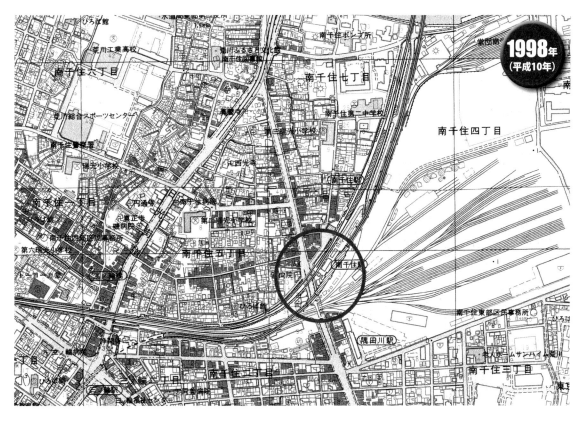

北千住駅

所在地：東京都足立区千住旭町42—3
開業：2005（平成17）年8月24日
キロ程：7.5km（秋葉原起点）　ホーム：1面2線
乗降人員：46,489人／日（2022年）

JR常磐線、東武伊勢崎線、東京メトロ日比谷線・千代田線と、つくばエクスプレス線が連絡している北千住駅。東京都足立区の玄関口であるとともに、東京23区北東部を代表するターミナル駅となっている。北千住駅の所在地は足立区千住旭町で、千代田線の駅のみ千住2丁目である。駅周辺は、常磐線の東側が千住旭町、西側が千住1〜3丁目となっている。なお、「千住」には1〜5丁目が存在している。

駅の開業はJRの北千住駅が最も早く、日本鉄道時代の1896（明治29）年12月に開業している。東武鉄道の駅が1899（明治32）年8月の開業で続き、営団地下鉄（現・東京メトロ）日比谷線の駅は1962（昭和37）年5月、千代田線の駅は1969（昭和44）年12月に誕生している。つくばエクスプレスの北千住駅は2005（平成17）年8月である。このうち、つくばエクスプレスの駅は島式ホーム1面2線を有する高架駅で、3階にコンコース、4階にホームが存在している。この線のみ改札口が独立しており、他の線は同一改札内に存在し、地下道で連絡している。なお、千代田線は改札口、ホームが地下にあり、常磐快速線のホームは2階、東武・日比谷線のホームは3階に置かれており、2階は改札、コンコース階となっている。駅西側には駅ビルのルミネ北千住店が存在し、この西口側にはペデストリアンデッキが設けられており、マルイ北千住店が入る千住ミルディスなどと結ばれている。

現在の北千住の中心は鉄道駅である北千住駅だが、江戸時代の北千住には日光街道・奥州街道の宿場町、千住宿（本宿）が置かれており、駅西側に本陣が存在した。現在、千住3丁目の旧日光街道沿いには千住宿本陣跡の碑が建てられている。千住宿は、江戸四宿のひとつであり、幕末には人口約1万人に達する江戸でも最大の宿場町となっていた。

また、千住には神田、駒込と並んで江戸の三市場と呼ばれる、幕府の御用市場が存在した。千住河原町にあったこの市場は明治維新後も、千住青物市場として存続し、千住河原町稲荷神社には1906（明治36）年に建立された「千住青物市場創立三百三十年祭記念碑」が残されている。

「北千住」を語る上で忘れてはならないのは、隅田川と荒川の存在である。その歴史を紹介するには、かなりのスペースが必要となるため、ここでは千住大橋と千住新橋という2つの橋に絞って記しておきたい。隅田川に架かる千住大橋は安土桃山時代の1594（文禄3）年の架橋であり、荒川に架かる千住新橋は関東大震災後の1924（大正13）年に架橋されていることから、架橋の年代には大きな隔たりがある。この歴史が両者の違いを如実に示している。

徳川家康が江戸に入府した直後、それまでの渡し舟に代わって、隅田川に架けられたのが千住大橋であり、以来、大橋と呼ばれてきた。幕末の浮世絵師、歌川広重は「名所江戸百景」で、この橋を「千住の大はし」として描いている。一方、千住新橋は明治末期から大正、昭和初期にかけて行われた大事業、荒川（放水路）の開削により誕生した、新しい川筋に架けられた橋である。この荒川放水路ができて上流の岩淵水門で分流される前は、現在の隅田川が荒川の本流であり、隅田川は下流における呼び名だった。

古い歴史のある北千住には、江戸時代から続く由緒ある建物も存在している。その代表的な例が、江戸時代中期の1770（明和7）年から接骨業を営んできた名倉家、名倉医院である。現在も荒川の右（南）岸に近い千住5丁目で整形外科医院として診療を続ける名倉医院には、長屋門、旧母屋、旧診療所、茶室、蔵などが残されており、創業以来の建物が江戸時代末期の大改修を経て、現在に受け継がれている。これらの建物は1984（昭和59）年、足立区登録記念物（史跡）となっている。

また、足立区日ノ出町にある日蓮宗の寺院、清亮寺は、水戸街道沿いにあった「槍かけ松」が有名で、水戸光圀（黄門）ゆかりの松として見物客も訪れるほどだったが、1945（昭和20）年頃に枯れて、現在は残っていない。

駅の西側、千住2丁目にある潤徳女子高校は、1924（大正13）年に順徳高等女学校として創設された歴史の古い学校である。戦後に潤徳女子高校となり、中学校も併設されていたが、現在は高校のみとなっている。卒業生には、女優の大原麗子（中学校の卒業生）、鳥居恵子氏、漫画家のいがらしゆみこ氏らがいる。

昭和30年代の北千住駅西口。
江戸時代から続く日光街道沿
いの千住宿の東側に置かれた
北千住駅は、開業以来この西
口が表口となっていた。
◎昭和30年代
提供：足立区立郷土博物館

1962（昭和37）年に改築され
た国鉄の北千住駅。３階建て
の橋上駅舎が新たに誕生し、
営団地下鉄（現・東京メトロ）
の日比谷線も乗り入れるよう
になる。
◎1962年
提供：足立区立郷土博物館

タクシーなどの自動車が集まっ
ている北千住駅西口の駅前広
場。左に見える駅舎は1962（昭
和37）年に改築されたもの。
◎1968年頃
提供：足立区立郷土博物館

北千住駅周辺

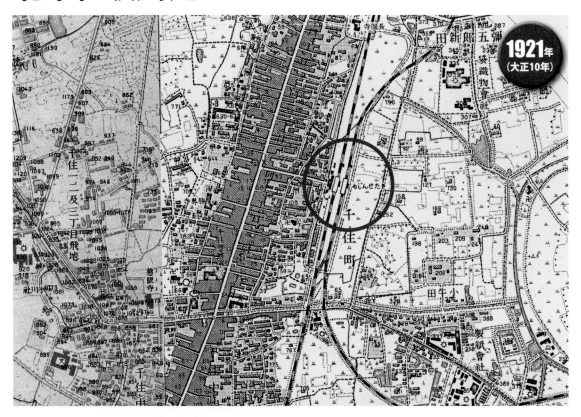

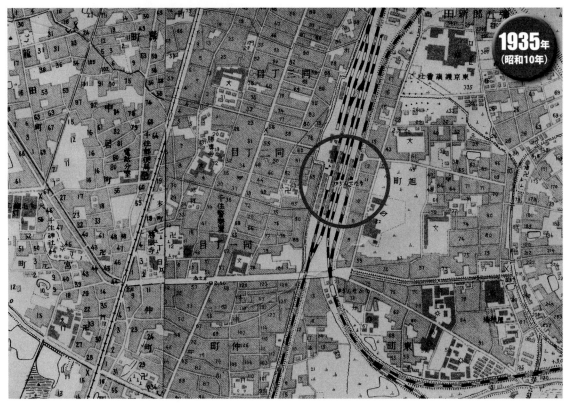

大正期までは、常磐線を挟んだ東側と西側では様相が大きく異なっていた北千住の地図である。西側を走る日光街道沿いは、ずらりと家屋が並ぶ宿場町であり、寺院や警察署などが見えている。昭和になると、東武線が走る東側も開発され、専売局（後の専売公社、JT）の工場（倉庫）や、昭和護謨会社（後の昭和ゴム）の工場が誕生している。また、現在の私立足立学園中学校・高校などが誕生している。北千住駅の南西にあった足立区役所は現在、東武線の梅島駅付近に移転している。

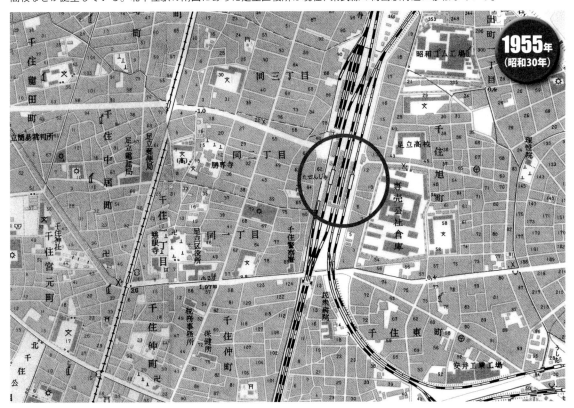

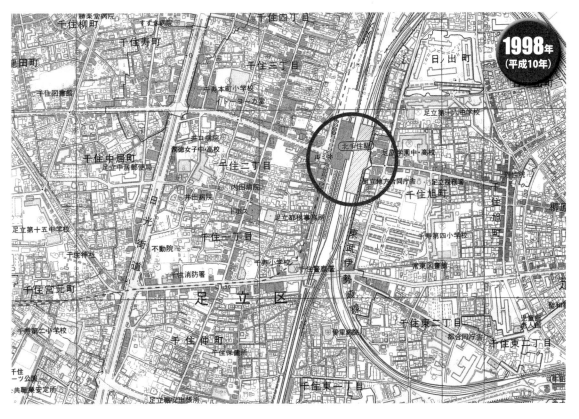

千住の絵葉書

（所蔵・文：生田誠）

【千住大橋（昭和戦前期）】
関東大震災後の復興事業とし
て、1927（昭和2）年に架橋
された千住大橋（旧橋）。その
後、1973（昭和48）年に下流
側に並ぶ千住大橋（新橋）が追
加された。

【水戸街道の槍かけ松
（明治後期）】
水戸街道に大きく枝を張り出
していた頃の千住名物「槍か
け松」。ベンチに腰を掛けて
休む人が見える、明治後期の
のどかな光景である。

【千住旧街道（昭和戦前期）】
道路工事が行われている千住
の奥州街道（日光街道）。現在
は西側にバイパスが走ってい
る北千住あたりの旧（街）道の
風景か。

【千住市場】千住河原町にあった千住青物市場は、神田・駒込と並んで江戸の三大市場と呼ばれた。現在は魚市場と統合されて、東京都中央卸売市場の足立市場と変わっている。

【南千住町役場】
北豊島郡にあった頃の南千住町役場。1889（明治22）年の市制町村制により誕生し、東京府の直轄になった後、1932（昭和7）年に東京市に編入され、荒川区の一部となった。

柚蔵前ナル三枚ノ石ハ堅五六寸幅厚サ二寸斗ノ石ニシテ従世燈攝セル勒王之墓誌ナリ

【小塚原地蔵】
小塚原刑場跡の延命寺に残る首切り地蔵（延命地蔵）。僧侶の左側には、山田浅右衛門が使用していた名刀が置かれている。

71

複数の鉄道路線が集まり、再び分かれてゆく都内北のターミナル駅、北千住。1985（昭和60）年には、駅ビルの「北千住ウイズ」
（現・ルミネ北千住）が誕生。この西口側が先に再開発された。1987（昭和62）年には、西口市街地再開発事業が計画されて、
2004（平成16）年に北千住マルイなどが入る、千住ミルディスが竣工した。この西口の南側は「仲町口」と呼ばれている。一方、

旧専売公社（JT）の社宅が存在していた東口側は、再開発が遅れていたが、ようやく2012（平成24）年に東京電機大学東京千住キャンパスが誕生し、「電大口」の呼び名が生まれている。この写真ではまだ、更地や工事中の土地が存在していた。

青井駅

所在地：東京都足立区青井３−24−１
開業：2005（平成17）年８月24日
キロ程：10.6km（秋葉原起点）　ホーム：２面２線
乗降人員：6,090人／日（2022年）

　北千住駅を出たつくばエクスプレス線は小菅の東京拘置所の下を抜け、やがて首都高速６号三郷線の西側を走る東京都道・埼玉県道102号平方東京線の下を北上する。次に置かれているのは青井駅で、2005（平成17）年８月に開業している。駅の構造は相対式ホーム２面２線の地下駅で、駅の所在地は足立区青井３丁目である。

　「青井」の地名は、このあたりの村人が開墾した「精出し耕地」に由来している。「精」の字に含まれる「青」、「耕」の字に含まれる「井」を組み合わせたのが「青井」であり、青空と農産物（青物）、そして豊かな水のある場所という彼らの願いが込められていた。現在、足立区の住居表示として、青井１～６丁目が存在し、足立区立青井小学校、青井中学校、都立青井高校が存在している。青井の地名が正式に誕生したのは戦後の1966（昭和41）年である。

　現在、首都高速６号三郷線に沿って流れている綾瀬川は、江戸時代までは利根川と荒川の本流だったが、たびたび水路が変わることから「あやし川」とも呼ばれていた。これを整備したのが江戸時代初期に活躍した関東代官、伊奈忠次・忠治親子で、２人は関八州の治水工事、河川改修を行い、大きな業績を残した。そのひとつが綾瀬川の改修で、現在の綾瀬川の流路はこのときに誕生している。また、1920（大正９）年の荒川放水路の開削に伴い、中川に合流する形になった。この綾瀬川に由来する地名が「綾瀬」で、現在は足立区と葛飾区に「綾瀬」の地名が残っている。

　江戸時代の武蔵国足立郡は明治維新後、東京府南足立郡と変わり、1889（明治22）年にこのあたりに綾瀬村、梅島村（後に町）、花畑村などが誕生した。これらの村や町は1932（昭和７）年、東京市に編入されて、足立区の一部となるが、それぞれに由来する一部の地域が一緒になって誕生したのが、現在の青井地区であった。なお、つくばエクスプレス線の青井駅が誕生するまでは、陸の孤島とも呼ばれ、住民の多くはかなり離れて存在する南東のJR常磐線・東京メトロ千代田線の綾瀬駅、南西の東武伊勢崎線の五反野駅を利用していた。

　「綾瀬」を含む地名は、足立区では「綾瀬」「東綾瀬」「西綾瀬」の３地区があり、常磐線に綾瀬駅が置かれている。また、常磐線の南側に広がる葛飾区には足立区立綾瀬小学校、東綾瀬小学校、南綾瀬小学校が存在している。葛飾区側に残る「綾瀬」の地名は、南葛飾郡にあった南綾瀬町に由来し、この南綾瀬村（後に町）は1889（明治22）年に小菅村、小谷野村などが合併して誕生し、1932（昭和７）年に東京市に編入されている。

　ところで、戦前に都内から筑波山方面に向けて鉄道を敷設する計画を抱いていた筑波高速度電気鉄道は、足立区内には現在の東武伊勢崎線の梅島駅付近に、梅田駅（仮称）を置く予定だった。この筑波高速度電気鉄道は、上野・日暮里を東京側の起終点駅とし、荒川区、足立区を経由して、埼玉県内に進む計画であり、梅田駅で分岐して東へ向かう松戸支線のプランもあった。この計画は実現せずに終わったが、上野～日暮里の区間は京成電気鉄道（京成）にバトンタッチされて、京成本線の一部となっている。梅島駅周辺は当時、梅島町であり、1932（昭和７）年に東京市に編入されて、足立区の一部になっている。また、「梅田」の地名は現在、梅島駅の南側の東武線の線路と荒川に挟まれる形で、梅田１～８丁目が存在している。

地下駅である青井駅の地上部分。道路を隔ててマンションが建つ。

【青井付近の荒川放水路での釣り】青井付近の荒川の川辺で釣り糸を垂れる太公望たち。橋の上からも多くの人が見守っているように見える。◎提供：足立区立郷土博物館

【青井の兵和通り商店街】
つくばエクスプレスの青井駅付近に続いている、青井兵和通り商店街は、現在も朝市、まんぞく市（夕市）の開催で賑わいを見せている。◎提供：足立区立郷土博物館

青井駅周辺

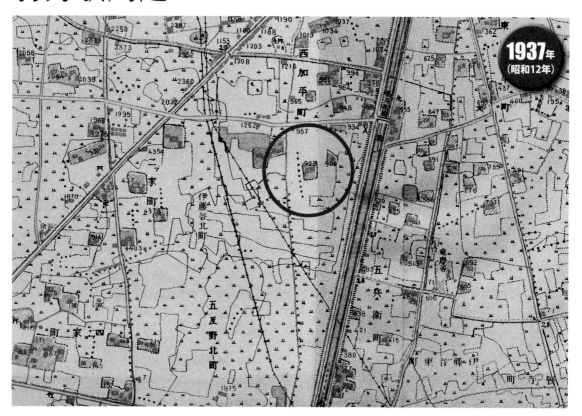

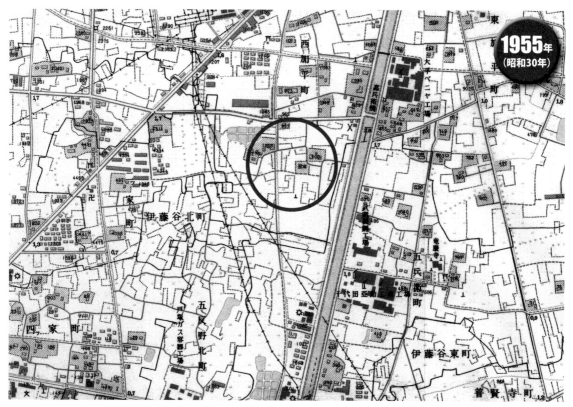

昭和戦前、戦後の地図では、中央やや右を南北に流れる綾瀬川に源兵衛橋が架けられているが、後には首都高速6号三郷線が上を走るようになり、橋の姿は見えなくなっている。一方、この南側には加平ポンプ所が誕生している。その南側には武蔵製鋼工場が見え、後には千代田製鋼工業に変わっている。このあたりは金子五兵衛が開墾した五兵衛新田があり、綾瀬村大字五兵衛町を経て現在は綾瀬・西綾瀬・加平などに変わっている。中央南には青井小学校が見える。

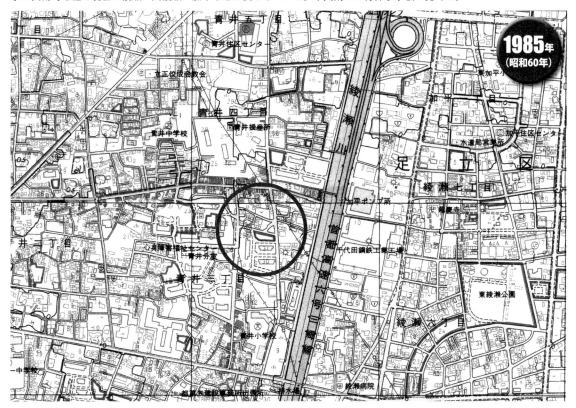

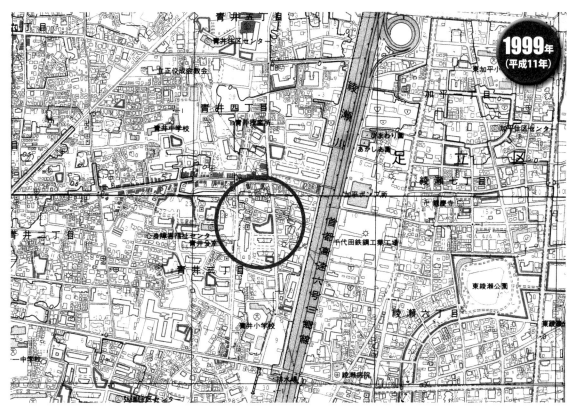

六町駅

所在地：東京都足立区六町4-1-1
開業：2005（平成17）年8月24日
キロ程：12.0km（秋葉原起点）　ホーム：1面2線
乗降人員：14,867人/日（2022年）

つくばエクスプレスにおける都内駅では最北に位置し、普通や通勤快速、区間快速の一部の列車が停車する六町駅。お隣は八潮駅で、都県境を越えた埼玉県八潮市に置かれている。六町駅の所在地は足立区六町4丁目で、駅の構造は島式ホーム1面2線を有する地下駅で、補助第140号線の下を走っている。

「六町」の地名は、江戸時代からあった六月村の飛び地の字だったことに由来している。現在の六月地区は日光街道（国道4号）の西側にあり、六町地区とは少し離れている。また、六町地区の東側、中川沿いには「六木」の地名があり、足立区と六の数字は縁が深い。なお、「六月」の地名の由来は不詳で、一説には源氏の武将、源義家が土地の豪族と戦って勝利したのが酷暑の六月（旧暦）だったからともいわれている。

江戸時代に六月村の飛び地だった六町地区は、1889（明治22）年に南足立郡渕江村の一部となり、1932（昭和7）年に東京市に編入されて、足立区の一部となった。現在は六町1〜4丁目の住居表示が存在。この地区の子供たちは、足立区立加平小学校、花畑小学校に通っている。加平小学校は六町駅のすぐ西側に置かれている。1963（昭和38）年に粟島小学校の分校として開校したこの学校は、1965（昭和40）年に加平小学校として独立。2014（平成26）年に現在の校舎に移転してきた。

ここでは、江戸時代からあった嘉兵衛新田、加平村についても記しておきたい。嘉兵衛新田とは、安土桃山時代に伊藤嘉兵衛が開拓した新田で、加平2丁目にあった加平天祖神社は、嘉兵衛の屋敷神を神明宮として、1610（慶長15）年に創建されたといわれ、嘉兵衛新田の守り神となってきた。その後、

1967（昭和42）年に区画整理により、社殿は現在地の加平3丁目に移転している。江戸時代、綾瀬川の付け替えにより、嘉兵衛新田は分断され、「加平」の地名（町名）やその名が付いた施設は、綾瀬川の東西に分散して存在している。

もうひとつ、六町駅の北側に花畑小学校や花畑中学校が存在する、「花畑」の地名についても触れておこう。「花畑」の地名は現在、足立区の住居表示として使用され、花畑1〜8丁目と、南花畑1〜5丁目が存在している。また、1931（昭和6）年に開削された花畑運河（花畑川）は、中川と綾瀬川をつなぐ水路として、肥料を運ぶ舟などの通行に利用されてきた。このあたりは1932（昭和7）年に東京市に編入される以前は花畑村であり、花畑村は1889（明治22）年に合併により成立している。江戸時代から明治時代にかけては、このあたりに花又村が存在していた。

六町駅から少し離れた東側（大谷田5丁目）には、足立区立郷土博物館が置かれている。この足立区立郷土博物館は1986（昭和61）年に開館した博物館で、2009（平成21）年に展示内容がリニューアルされている。所蔵品では、江戸絵画と浮世絵、1949（昭和24）年に発生した下山事件の資料などが知られている。下山事件は当時の国鉄総裁、下山定則氏が出勤途中で失踪し、後に轢死体で発見された事件で、三鷹事件、松川事件とともに国鉄三大ミステリー事件と呼ばれている。

現在の六町駅。都内最北のつくばエクスプレスの駅で、地下駅となっている。

1960年代に建てられた、軒割り平屋スタイルの木造住宅が並んでいた西加平第三都営住宅。現在は同じ都営の青井四丁目アパートに建て替えられている。◎1967年頃　提供：足立区立郷土博物館

東京メトロ千代田線の綾瀬車両基地は、綾瀬検車区と綾瀬工場で構成されている。綾瀬検車区は1969（昭和44）年、綾瀬工場は1971（昭和46）年に発足している。所在地は足立区谷中で、北綾瀬駅の北側に置かれている。◎提供：足立区立郷土博物館

六町駅周辺

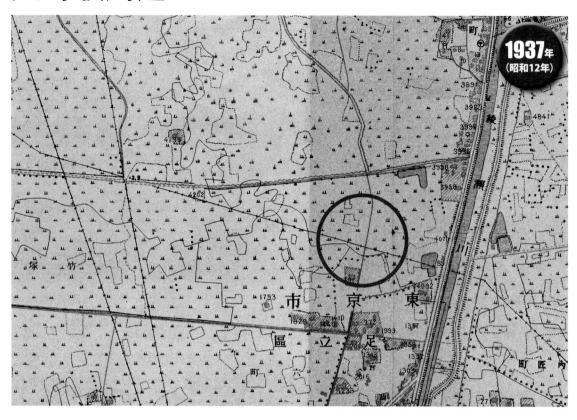

1937年
（昭和12年）

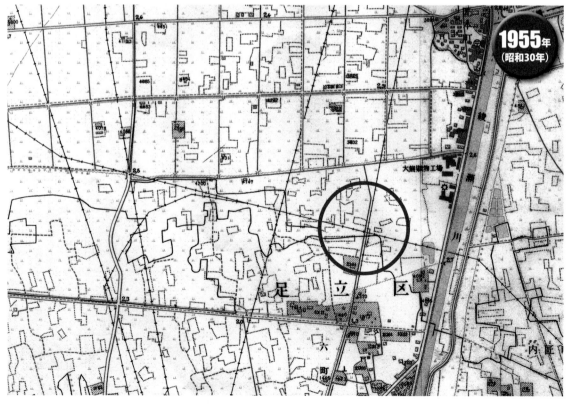

1955年
（昭和30年）

戦前の地図では、東側を綾瀬川が流れる現在の六町駅付近の地図で、西側には「竹（ノ）塚」の地名が見える。綾瀬川沿いはまばらではあるが、家屋が並んでおり、工場の地図記号も見えている。戦後もしばらく状況は変わらなかったが、中央下に「六町」の地名が見え、1985（昭和60）年の地図ではすっかり住宅地に変わっている。このときには北側・南側の広い範囲にそれぞれ「花畑」と「六町」の住居表示が生まれており、東側は「神明南」「加平」となっている。

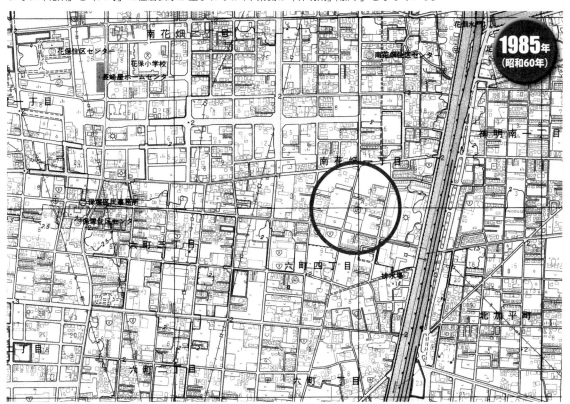

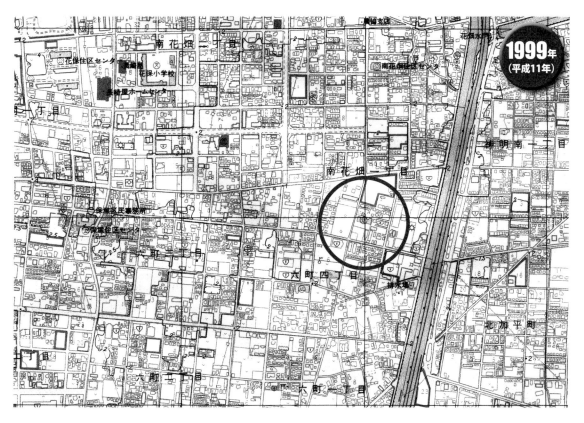

八潮駅

所在地：埼玉県八潮市大瀬6－5－1
開業：2005（平成17）年8月24日
キロ程：15.6km（秋葉原起点）　ホーム：2面4線
乗降人員：22,357人/日（2022年）

東京都から埼玉県に入ったつくばエクスプレス線は、首都高速6号三郷線を越えると間もなく地上に出て、次の八潮駅に至る。人口約9万3000人の八潮市における唯一の鉄道駅が、つくばエクスプレスの八潮駅である。八潮市民待望の鉄道駅はようやく、2005（平成17）年8月、八潮市大字大瀬字稗田に開業している。駅の構造は、島式ホーム2面4線を有する高架駅となっている。このあたりのつくばエクスプレス線は、北を通る首都高速6号三郷線と南を流れる中川との間を両者に並行する形で走っている。このまま北東に進んで、今度は中川を渡って三郷市に入り、三郷中央駅に向かうこととなる。

つくばエクスプレスの開通とともに、埼玉南東部のベッドタウンとして人口が増加している八潮市。1879（明治12）年に発足した埼玉県南埼玉郡の最南部にあった八幡村、潮止村と八条村の一部が1956（昭和31）年に合併して、八潮村が成立。1964（昭和39）年に町制を施行して八潮町と変わり、1972（昭和47）年に市制を施行して、八潮市が誕生した。「八潮」の地名は、「八幡」「八条」にゆかりがある末広がりの「八」と、「潮止」の「潮」を合体させた形である。こうした村は1889（明治22）年の町村制施行に際して誕生しており、それぞれ、八幡神社や八条郷などの存在から村の名が付けられた。また、「潮止」はこのあたりの中川が「感潮河川」と呼ばれる、東京湾からの海水（潮）が遡上してくる限界であったことから名付けられた。

八潮駅の南東にあたる中川には、1930（昭和5）年に架橋された潮止橋がある。このあたりは埼玉県における中川の最下流で、かつての中川は古利根川と呼ばれていた。江戸時代からここには水戸脇往還が通っており、中川（古利根川）には官設の戸ヶ崎の渡しが存在した。南埼玉郡大瀬村と葛飾郡戸ヶ崎村

を結ぶ渡し舟は、1882（明治15）年に木橋に代わり、民営となる橋は藤橋と名付けられ、この橋を渡るには通行料が必要だった。その後、埼玉県に移管された後、1925（大正14）年に中川の流路が変えられたことで、橋は廃止された。その5年後（1930年）、新しい流路に架けられたのが潮止橋である。当初は木橋だったが、1956（昭和31）年に単純鋼板桁橋に変わり、埼玉県道54号松戸草加線が通っている。現在は県道54号のバイパスが通る新中川橋が上流に架橋されている。なお、南埼玉郡大瀬村は潮止村になる前に存在していた村で、現在の八潮駅を中心とした市の中心部を占め、大字大瀬と大瀬1〜6丁目に分かれている。八潮駅の北東（大瀬3丁目）には八潮市立大瀬小学校が存在している。

このあたり、埼玉県（八潮市）と東京都（足立区、葛飾区）の境界になっている川として、西から綾瀬川、桁川（がけがわ）、大場川がある。桁川はかつての綾瀬川の一部で、現在の西端は綾瀬川、東端は中川に接し、大場川と中川の合流地点付近には桁川排水機場が存在する。この桁川の南側の足立区内には、ほぼ並行して花畑川（運河）が流れている。

八潮駅の北西を走る首都高速6号三郷線の上り線には、八潮パーキングエリアが設置されている。首都高速6号三郷線は、1985（昭和60）年に小菅ジャンクション〜三郷ジャンクション間が全通している。三郷ジャンクションでは常磐自動車道と結ばれており、東京外環自動車道と交わっている。

島式ホーム2面4線の高架駅となっている八潮駅。

【四つ手網を使う子どもたち】
八潮市内の用水路で四つ手網を使って、小魚やエビなどを捕まえている子供たち。かつては市内のあちこちで見られた風景。
◎提供：八潮市立資料館

【八潮団地】
1971（昭和46）年から入居が始まった現・八潮市の八潮団地。日本住宅公団（現・UR）が開発した。
◎提供：八潮市立資料館

【中川のあみ船まつり】
八潮市の中川で行われていた「あみ船まつり」。かつては八潮の春の風物詩だった。◎提供：八潮市立資料館

【綾瀬川の材木運搬】
巧みに竿を操る技術で筏流しを行っている風景。綾瀬川で見られたのどかな風物詩だった。◎提供：八潮市立資料館

八潮駅周辺

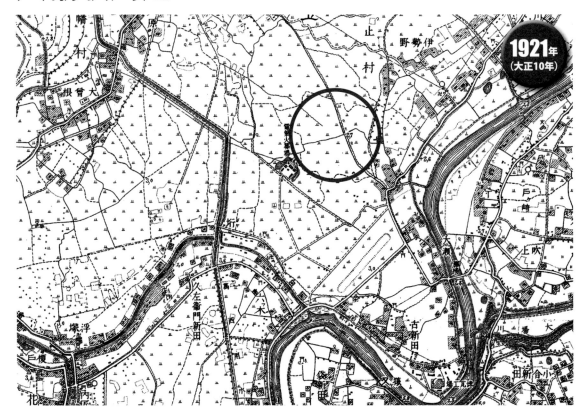

1921年
（大正10年）

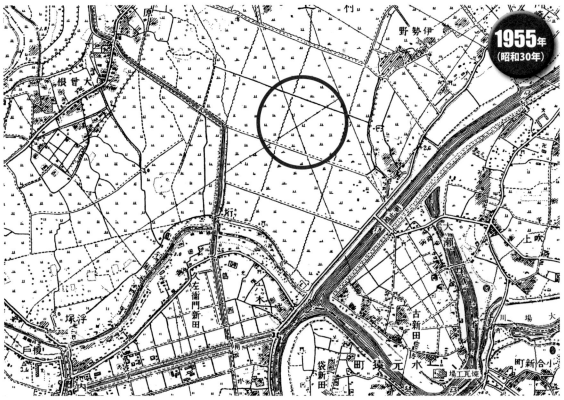

1955年
（昭和30年）

古い地図では、潮止村を流れる中川に藤橋が架橋されている。この付近には戸が崎の渡しがあったが、1882（明治15）年に藤橋が架けられた。その後、中川の湾曲部をショートカットする水路が誕生し、新しい橋として潮止橋が架橋された。「潮止」とは、東京湾の潮がここまで遡ってきたことから名称が付けられている。以前には大瀬村が存在したが、1889（明治22）年に合併で新しい「潮止村」が成立している。1977（昭和52）年に開校した八潮市立第八小学校は現在、大瀬小学校となっている。

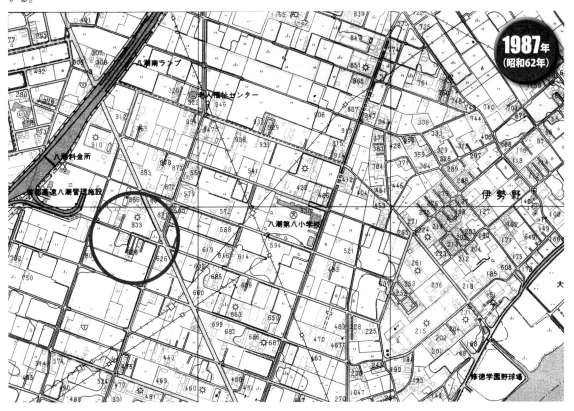

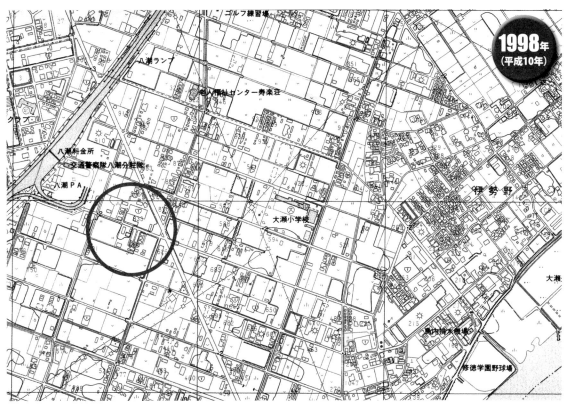

八潮市役所が置かれているのは八潮市中央1丁目だが、そのすぐ北にあたる鶴ケ曽根地区の上空から撮影した八潮市の全景である。八潮市の面積は約18平方キロメートル、現在の人口は約9万3,000人である。写真の下から中央右にかけて、大きくカーブしながら続く道路は埼玉県道・東京都道102号平方東京線である。現在は、八潮市役所に隣接する形で、八潮市立八潮中学校、市民文化会館が存在している。八潮中学校は1961（昭和36）年に、2つの中学校が統合されて開校している。
◎1986（昭和61）年3月1日
撮影：朝日新聞社

北西にフレスポ八潮と東横イン八潮駅前が建っている八潮駅付近の空撮写真である。フレスポ八潮は2006（平成18）年4月開業の大型商業施設である。つくばエクスプレスの北西側を走るのは、首都高速6号三郷線。小菅ジャンクションと三郷ジャンクションを結ぶこの高速道路は、1985（昭和60）年に全線が開通した。八潮駅そばに置かれているのは八潮パーキングエ

リアで、上り線にのみ設置されている。この時期（2006年）には、まだ農地が目立っていた八潮駅周辺だが、現在はほとんどが住宅や商業施設などに変わっている。駅の東側にはこの後、BiVi八潮や新ガーデン八潮がオープンしている。駅の南側には八潮変電所があり、鉄塔が目立っている。

三郷中央駅

所在地：埼玉県三郷市中央１−１−１
開業：2005（平成17）年８月24日
キロ程：19.3km（秋葉原起点）　ホーム：2面2線
乗降人員：14,201人/日（2022年）

　つくばエクスプレスの埼玉県内の２番目の駅が、三郷市の三郷中央駅である。2005（平成17）年８月に開業した三郷中央駅だが、この時点では既にJR武蔵野線の三郷駅、新三郷駅が存在していた。南北に長い三郷市のうち、武蔵野線は北側を通っており、つくばエクスプレスの新駅は中央付近を斜めに横断していることから、東西の真ん中付近に三郷中央駅が誕生した。駅の所在地は三郷市中央１丁目である。なお、JR三郷駅は1973（昭和48）年４月、新三郷駅は1985（昭和60）年３月の国鉄時代に誕生している。この新三郷駅の付近には、武蔵野線が開通した翌年（1974年）10月から、吉川市にまたがる形で日本最大の武蔵野操車場が置かれていた。しかし、国鉄の貨物輸送が減少したこともあり、わずか10年後の1984（昭和59）年２月にその機能を停止し、1986（昭和61）年11月に廃止された。三郷市側の跡地には、新三郷ららシティが誕生し、ららぽーと新三郷、コストコ新三郷などオープンしている。

　三郷市では、東京都に近い南側で比較的早い時期から住宅地の開発が進み、北側も武蔵野線の開通により住宅地の建設が進められた。一方、遅れていた中央部では1992（平成４）年に東京外環自動車道の和光インターチェンジ〜三郷ジャンクション間が開通。2005（平成17）年に三郷ジャンクション〜三郷南ジャンクション間が延伸し、さらにつくばエクスプレスの開通による三郷中央駅の設置で、都市化が進み始めた。ここでも土地区画整理が行われた結果、開業当時には三郷市谷中字三尺上だった三郷中央駅の住居表示も、2015（平成27）年には三郷市中央１丁目１番１に変わっている。

　ここで、三郷市の歴史を振り返ると、埼玉県北葛飾郡には1889（明治22）年の町村制の施行で、彦成村、早稲田村、戸ヶ崎村、八木郷村が誕生。1933（昭和８）年に戸ヶ崎村と早稲田村が合併して東和村が成立した。こうして４村から３村になったこの地域で、1956（昭和31）年に３つの村が合併して、三郷村が誕生した。1964（昭和39）年に三郷町に変わり、1972（昭和47）年に市制を施行して、三郷市が成立した。「三郷」の「三」は３つの村を表わし、「郷」の方は古くからこの地が「二郷半領」と呼ばれてきたことによる。現在も吉川市との間には、江戸時代の寛永年間（1624〜1645年）に開削された二郷半領用水路が存在している。

　三郷中央駅の北西には、三郷市役所と三郷高校が並んで置かれている。埼玉県立三郷高校は1975（昭和50）年に開校した比較的新しい学校で、俳優の村田雄浩、遠藤久美子が卒業生である。また、この北側には東京都水道局の三郷浄水場が広がっている。ここでは江戸川の表流水を取り入れて都内に送っている。1985（昭和60）年に通水を開始しており、東京都水道局では第４の施設能力がある大規模浄水場である。この付近には、埼玉県営の下水処理場である中川水循環センターや、テニスコートや野球場などがある番匠免運動公園、三郷市総合体育館も存在している。なお、常磐自動車道の北側には、新三郷浄水場が存在するが、こちらは埼玉県企業局の浄水場で、1990（平成２）年に通水している。

三郷中央駅の駅前には、高層マンションが建てられている。

【武蔵野線】
三郷市内において建設中だっ
た、国鉄武蔵野線の工事風景。
この頃、高架部分が次々と延
びていた。
◎提供：三郷市

【開業した三郷駅】
「祝武蔵野線開通　三郷駅開
業」を記念して、三郷市、三郷
市商工会が駅前に建てた記念の
アーチ。簡素な造りの門だった。
◎提供：三郷市

【三郷市街】
旧型のバスが走る三郷市街の
商店街。北葛飾郡にあった
三郷町は1972（昭和47）年に
市制を施行して、三郷市に変
わった。
◎提供：三郷市

三郷中央駅周辺

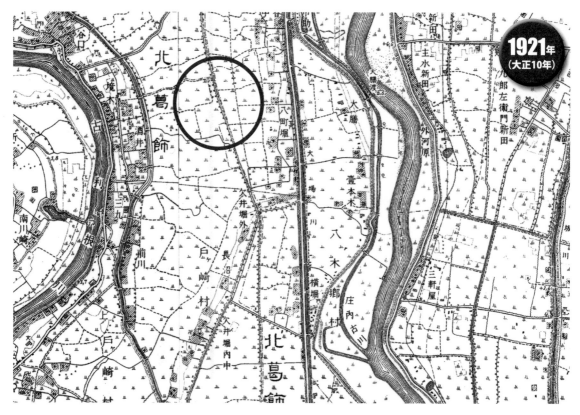

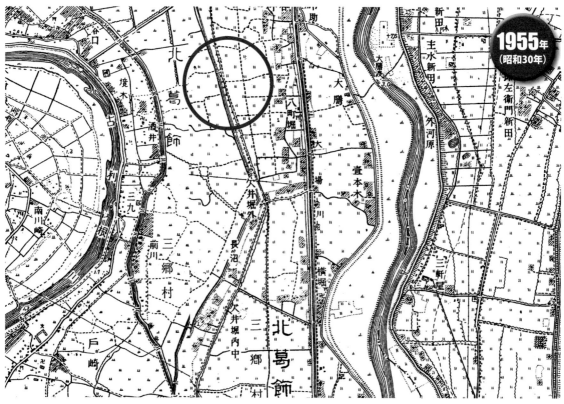

西側から古利根川、二郷半領用水、大場川、庄内古川、江戸川、坂川などが南北に流れていた現在の三郷中央駅付近。大正期は戸ヶ崎村であったが、昭和戦後期の地図では三郷村に変わっている。2005（平成17）年の地図では中央に見える新和小学校の北東に三郷中央駅が開業している。この学校の南側には現在、中川と江戸川の間を結ぶ三郷放水路が整備されている。地図の左下に見える香岩寺は、安土桃山時代の1587（天正15）年に開山された浄土宗の寺院である。

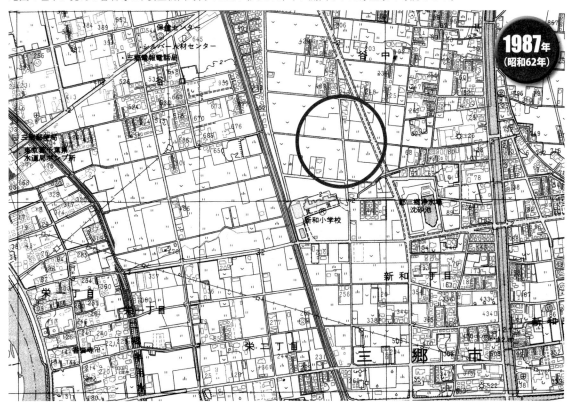

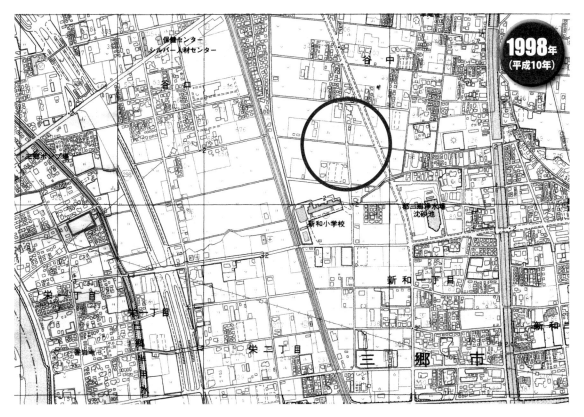

南流山駅

所在地：千葉県流山市南流山2―1
開業：開業：2005（平成17）年8月24日
キロ程：22.1km（秋葉原起点）　ホーム：1面2線
乗降人員：34,909人/日（2022年）

　三郷中央駅と南流山駅の間には、埼玉県と千葉県の県境を成す江戸川が南北に流れている。この川の橋梁を渡ったつくばエクスプレスは、再び地下に入り、流山街道（千葉県道5号）の下を通って、南流山駅に至る。ここはJR武蔵野線との連絡駅となっている。つくばエクスプレスは流山市内に、この南流山駅のほか、流山セントラルパーク駅、流山おおたかの森駅という3つの駅を置いている。

　流山市内を南西から斜めに縦断するつくばエクスプレス線では、最も南に位置する南流山駅であり、駅の南東は千葉県松戸市となる。この松戸側からは、馬橋駅を起終点とする流山電鉄流山線が延びており、南流山駅の北側で地下を走る、つくばエクスプレス線と交差する。総延長5.7キロと短い流山線の終着駅は流山駅で、流山軽便鉄道時代の1916（大正5）年3月に開業している。流山駅の所在地は、流山市流山1丁目である。

　一方、南流山駅は1973（昭和48）年4月、武蔵野線の国鉄駅として開業している。その32年後の2005（平成17）年8月、つくばエクスプレス線の南流山駅が開業し、連絡駅となった。所在地はJR駅が南流山1丁目、つくばエクスプレス駅は南流山2丁目で、武蔵野線の北東が南流山1丁目、南西が南流山2丁目に分かれている。

　この南流山駅の西側には、松戸市から流山市を経て野田市に至る流山街道が走っている。この西側を流れる江戸川は、関東を代表する川のひとつで、茨城県、埼玉県、千葉県、東京都の1都3県を流れて、東京湾に注ぐ利根川水系の一級河川である。流山市内では、武蔵野線の橋梁の北側に流山橋が架橋されている。1935（昭和10）年に初代の流山橋が架けられた後、1965（昭和40）年に初代橋の下流に、現在の2代目流山橋が架橋された。このあたりの江戸川は河川敷の幅が広く、千葉（流山）側は江戸川河川敷緑地、埼玉（三郷）側は江戸川運動公園として整備されている。ここでは10月に流山花火大会、三郷花火大会が開催され、流山は2023年に47回目、三郷は21回目を迎える。

　南流山駅の北西、江戸川堤に近い場所には流山寺が存在している。この寺は江戸時代初期に創建された曹洞宗の寺院で、もともとは天台宗の共同墓地だったといわれている。この東側には鎌倉時代の創建とされる赤城神社が鎮座している。創建の由来は、洪水の際に上流から赤城山の山体の一部（小山）が流れ着いたとされるが、お札が流れ着いたという説もある。これが「流山」の地名の由来とされ、ここは群馬県の赤城神社の末社となっている。

　幕末の動乱期、新選組隊長の近藤勇は、鳥羽・伏見の戦いに敗れ、江戸に戻った後の1868（慶応4）年に流山村に入り、酒造業などを営む永岡家の屋敷に陣屋を置いた。しかし、ここは新政府軍に包囲され、近藤は投降して捕らえられた後、東京・板橋で処刑された。現・流山2丁目にあった陣屋跡は、流山市に寄贈されて、石碑などが建てられている。また、ここに移転された秋元家住宅土蔵は、国の登録有形文化財に指定されている。

　1889（明治22）年の町村制の施行で、千葉県東葛飾郡に流山町、新川村、八木村が成立。1951（昭和26）年にこの1町と2村が合併して、江戸川町が誕生した。この江戸川町は1952（昭和27）年に流山町に変わり、1967（昭和42）年に市制を施行して流山市に変わった。現在の人口は約21万人である。

南流山駅は島式ホーム1面2線をもつ地下駅である。これは地上部分である。

馬橋〜北小金間で建設中の常
磐線と武蔵野線の連絡駅新松
戸。103系1000番台が通過
中。この撮影から間もない
1971年4月20日から常磐線
綾瀬〜我孫子間複々線が開通
し綾瀬で地下鉄千代田線と相
互乗り入れを開始した。
◎馬橋〜北小金
1971（昭和46）年4月
撮影：山田 亮

西武鉄道から譲り受けた総武
流山電鉄（現・流鉄）モハ1001
（元西武クハ1212）とクハ52
（元西武クハ1215）の2両編
成。いずれも元西武クハ1211
形で元武蔵野鉄道デハ1320形
（戦後は西武モハ221形）をク
ハ化した車両で、モハ1001は
転入時にモハ化された。この
場所は建設中の国鉄新松戸駅
付近で当時は人家がない。
◎幸谷付近
1971（昭和46）年4月
撮影：山田 亮

建設中の新松戸駅付近を走
る総武流山電鉄モハ1101と
クハ53の2両編成が貨車を
牽引。モハ1101は元京急ク
ハ480形をモハ化した車両
でクハ53は元青梅電気鉄道
の車両。流山電鉄は1971年
1月に総武流山電鉄と改称。
2008年8月に流鉄と改称し
流鉄流山線となる。背後に建
設中の武蔵野線と貨物連絡線
が見える。
◎幸谷付近
1971（昭和46）年4月
撮影：山田 亮

南流山駅周辺

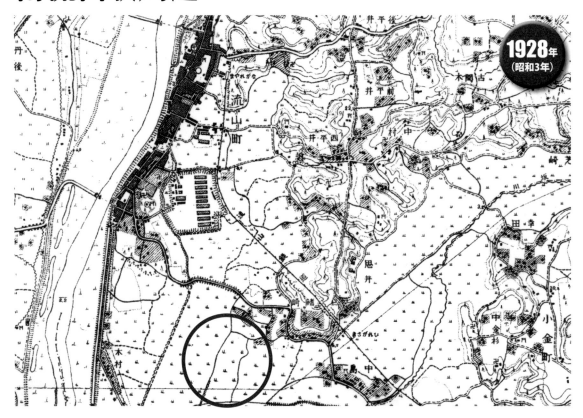

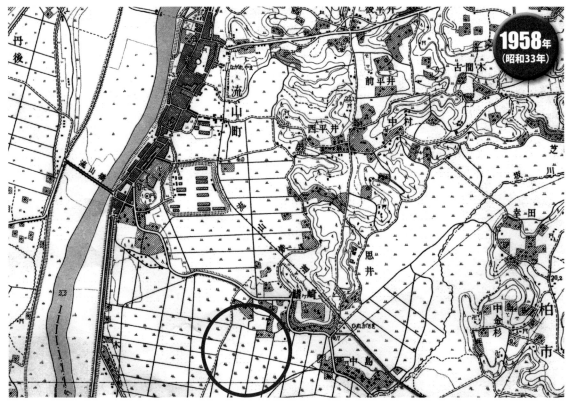

戦前・戦後の２枚の地図には流山電鉄流山線が走っており、1975（昭和50）年の地図では武蔵野線、2005（平成17）年の地図ではつくばエクスプレス線も加わっている。この地図では北側に見える流山駅だが、実際には流山市の中央やや南に位置しており、南流山駅の所在地は市の南部であることが分かる。つくばエクスプレス線は、鰭ヶ崎駅の北で流山線と交差しているが、接続駅は置かれていない。江戸川には武蔵野線橋梁の北側に流山橋がある。

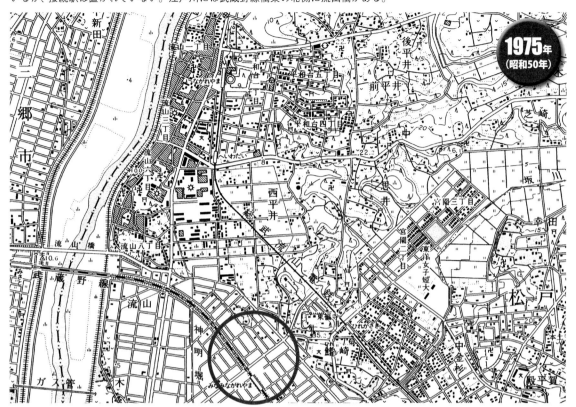

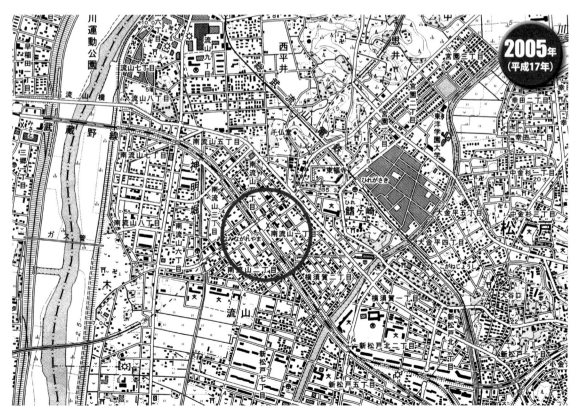

大阪府吹田市の千里丘陵では日本万国博覧会が開催されていた1970（昭和45）年４月、千葉県流山市内では、こうした農地の土地区画整理事業が行われていた。流山市には既に流山電鉄流山線が存在したが、この当時は千葉・埼玉・東京方面を結ぶ国鉄の武蔵野線が計画されており、ここには現在の南流山駅が建設される予定だった。南流山駅は３年後の1973（昭和48）年４月に開業。さらに2005（平成17）年８月にはつくばエクスプレスの駅も誕生する。
◎1970（昭和45）年4月　撮影：朝日新聞社

【市野谷付近を走るつくばエクスプレス】
地下線と高架線を繰り返しながら走る、つくばエクスプレス線。これは流山市内の高架線を走る姿である。
◎2005（平成17）年8月4日　提供：流山市

【市野谷付近の住宅地】
つくばエクスプレスの沿線では、各地で新興住宅地の開発が進んでいたが、現在では住宅地としてさらに整備された。
◎2022（令和4）年3月　提供：流山市

整然と区画整理された街区に高架線の鉄道が走っている南流山駅周辺。区画整理は1989(平成元)年に完了している。この時期、駐車場が目立つものの、農地や空き地がない姿は、ここにつくばエクスプレスが開業する前から、JRの武蔵野線が通り、南流山駅が存在していたからである。左上から右下に延びる高架線は武蔵野線で、南流山駅は1973(昭和48)年に開業し、

既に30年余りが経過していた。つくばエクスプレス線は、JR駅の左上 (北) を通る道路の地下を走っている。北口、南口の両方に既にバスロータリーが整備されており、現在は銀行の支店なども建てられている。南口側で道路を挟んで建つ白いビルは、電気量販店のマツヤデンキ南ながれやま店である。

流山セントラルパーク駅

　つくばエクスプレス線には、流山市内に３つの駅が設置されており、その真ん中の駅がこの流山セントラルパーク駅である。駅の開業は、つくばエクスプレスが開通した2005（平成17）年８月である。駅の所在地は流山市前平井で、構造は相対式ホーム２面２線をもつ高架駅である。

　つくばエクスプレス線が通っているのは、流山市内の南半分であることから、実際には、流山セントラルパーク駅は市の南部に位置している。したがって、「セントラル（中央）」という文字を含む駅名の由来は別にある。その存在が駅の東側に存在する、流山市総合運動公園である。駅開業の３年前、2002（平成14）年４月に流山市が行った市民アンケートの結果の駅名第１位は「流山運動公園」であり、市案として選定された駅名も同じ「流山運動公園」だった。さらに駅の仮称も同じだったが、2003（平成15）年８月の駅名選考委員会で、流山市は新たに「流山セントラルパーク」を市案に選んだ。これは流山市のブランディング戦略であり、イメージアップの一環だったという。即ち、総合運動公園＝セントラルパークだったのである。

　流山市総合運動公園は、流山市を代表する公園で、1976（昭和51）年に開園しており、既に半世紀近く、流山市民に親しまれてきている。園内には野球場、体育館、テニスコート、ミニアスレチックコースなどのスポーツ施設のほか、日本庭園やSL展示場も備えている。また、以前は湿生植物園が存在し、サクラの名所としても親しまれてきた。この公園とつくばエクスプレス線との距離は近いが、その間には日蓮宗の寺院の本妙寺が存在している。また、駅の目の前の東側には、2014（平成26）年に暁星国際流山幼稚園が開園し、続いて2016（平成28）年には暁星国際流山小学校が開園している。

　流山セントラルパーク駅の西側は、「平和台」と呼ばれる新興住宅地だが、さらに西側は流山市の中心部であり、江戸川沿いに流山街道と流山電鉄流山線が通っている。流山線には流山駅、平和台駅が置かれているが、両者の駅間はわずか0・6キロと短くなっている。流山駅は1916（大正５）年３月に開業しており、駅の所在地は流山市流山１丁目である。また、平和台駅は1933（昭和８）年４月に赤城駅として開業。赤城台駅と改称した後、1974（昭和49）年に現在の「平和台」の駅名となった。こち

【流山セントラルパーク駅】
流山セントラルパーク駅を中心に、西側に広がる流山市の中心部を撮影した空撮写真である。この駅から少し離れた西側には、早くから流山電鉄流山線が走っており、両線の間には比較的早い時期から平和台の住宅地が開発され、流山線の駅も1974（昭和49）年から「平和台」の駅名を名乗るようになった。流山セントラルパーク駅の右下に大きな建物は、2016（平成28）年にここに移転してくる、この地域を代表する総合病院、東葛病院である。◎2015年

所在地：千葉県流山市前平井119
開業：開業：2005（平成17）年8月24日
キロ程：24.3km（秋葉原起点）　ホーム：2面2線
乗降人員：4,888人/日（2022年）

らの駅の所在地は流山市流山4丁目である。

　一方、このあたりを走るつくばエクスプレス線の東側には、坂川が流れている。この坂川は流山市野々下2丁目付近を源とし、流山市、松戸市、市川市を流れて、江戸川に注いでいる。分流として南流山駅の東側で分岐する新坂川は流山線、常磐線に沿って流れ、松戸市内で再び合流する。また、新松戸駅の西側で分かれて、西へ進み江戸川に注ぐことになる坂川放水路が存在している。

高架駅である流山セントラルパーク駅。西側にはバスロータリーが存在する。

流山セントラルパーク駅周辺

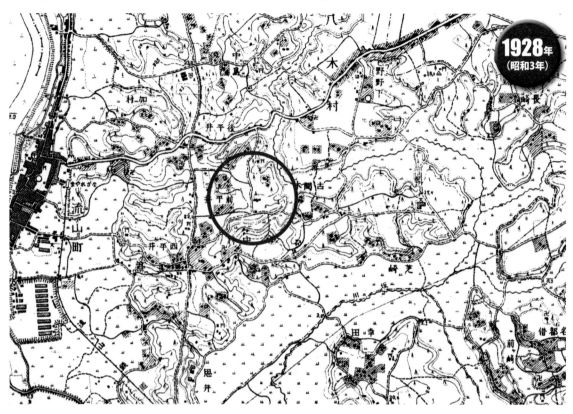

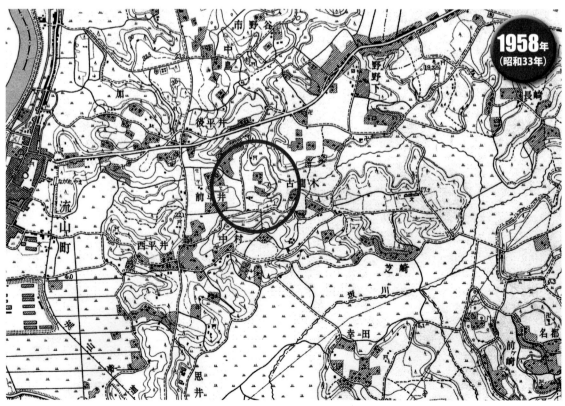

戦前から戦後にかけては、「前平井」「後平井」「西平井」の地名が見えるあたりには、小さな集落が存在しているだけである。その後、西側には「平和台」の地名が現れ、流山電鉄流山線にも平和台駅が置かれている。2005（平成17）年の地図では、つくばエクスプレスが開通し、前平井地区に流山セントラルパーク駅が置かれており、その東側に流山市総合運動公園が誕生している。駅の反対側（西側）の平和台地区もさらに開発が進み、住宅の数が増えている。

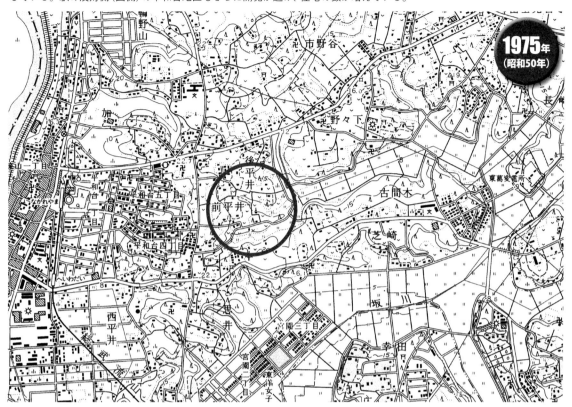

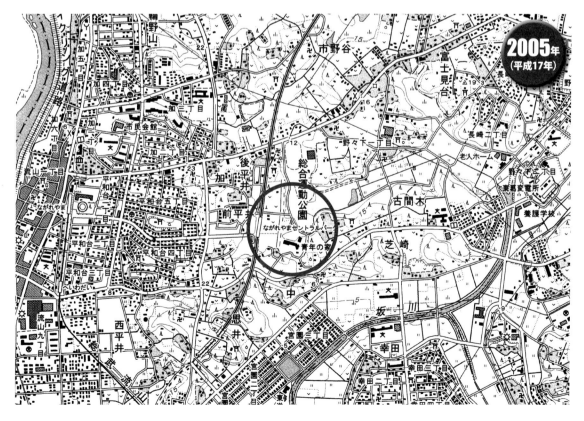

流山おおたかの森駅

所在地：千葉県流山市おおたかの森西１−１−１
開業：開業：2005（平成17）年８月24日
キロ程：26.5km（秋葉原起点）　ホーム：２面４線
乗降人員：37,690人/日（2022年）

流山市で３番目となる、つくばエクスプレスの駅は流山おおたかの森駅で、この駅も続いてユニークな駅名となっている。絶滅危惧種である「オオタカ」は、2018（平成30）年に流山市の「市の鳥」に制定されている。その前の1992（平成４）年、千葉県では初めて流山市内で、オオタカの繁殖が確認された。この市野谷の森（おおたかの森）が付近にあることから、つくばエクスプレスの駅開業にあたり、ここの駅名に採用された。なお、当初の仮称は「流山新市街地」だった。また、2002（平成14）年４月の市民アンケートの結果の駅名は「流山中央」だったが、2003（平成15）年８月の駅名選考会で、「流山おおたかの森」という市案が決定し、同年10月に正式に駅名に採用された。

流山おおたかの森駅は、2005（平成17）年８月、つくばエクスプレスの駅とともに、ここで交差する東武野田線（アーバンパークライン）の新駅が同時に開業している。現在の東武野田線は、1911（明治44）年５月、千葉県営軽便鉄道が野田線の野田町（現・野田市）〜柏間を開業したことがルーツとなっている。このとき、現在の流山市内には初石駅と運河駅を設置したが、現在の流山おおたかの森駅付近には、駅は置かれていなかった。しかし、つくばエクスプレス線が開通し、駅周辺で住宅地の開発が進んだこともあり、東武サイドも駅の開業に動いた。その際、駅の建設費用（約27億円）は流山市と都市再生機構（UR）が負担している。

つくばエクスプレス駅の構造は、島式ホーム２面４線を有する高架駅。すべての列車が停車し、秋葉原駅、北千住駅に次ぐ乗降客数を数えている。駅の所在地は流山市おおた

かの森西１丁目である。一方、東武駅の構造は相対式ホーム２面２線の地上駅で、橋上駅舎を有している。こちらも特急を含むすべての列車が停車する。駅の所在地は流山市おおたかの森東１丁目である。両駅の南東には、流山おおたかの森ショッピングセンターが存在し、高島屋の「タカシマヤフードメゾン　おおたかの森店」やイトーヨーカドーの「イトーヨーカドー食品館　おおたかの森店」が入っている。

都市再生機構（UR）などは2000（平成12）年から、このおおたかの森駅周辺で、土地区画整理事業をスタートさせ、2019（令和元）年にこの事業が完成した。「流山都市計画事業　新市街地地区一体型特定土地区画整理事業」では、つくばエクスプレスの開業や土地区画整理とともに、道路計画や公園・緑地計画が進められて、関連公共施設の建設が行われたほか、環境保全計画として、オオタカが住む面積24.1ヘクタールの市野谷の森が、県立市野谷の森公園（面積18.5ヘクタール）として整備されることとなった。現在進行中のこのプロジェクトでは、2022（令和４）年に公園の第１期区域に入口広場などがオープンした。

また、2019（令和元）年５月には、駅周辺で町名地番整理が行われた。これにより、開業当時は流山市西初石６丁目だった地名が、つくばエクスプレス駅がおおたかの森西１丁目１番地１、東武駅がおおたかの森東１丁目１番地１に変わっている。現在、駅の北東には江戸川大学が開学している。

大宮〜船橋を結ぶ東武鉄道野田線（東武アーバンパークライン）とは流山おおたかの森駅で接続する。この駅は2005年のつくばエクスプレス開業時に新駅として初石〜豊四季間に開設され、当初は田畑が広がっていた駅周辺では大規模な開発がなされ、沿線各地に造成された"つくばエクスプレスタウン"の中では最大級の規模となった。
◎流山おおたかの森
2022（令和４）年６月20日

【流山おおたかの森駅】つくばエクスプレス線と東武野田線の両方を利用できるこの流山おおたかの森は、都心に通勤するファミリー層にとって人気の高い住宅地となっている。その魅力を高めているのは交通の便利さとともに、駅に隣接して存在する流山おおたかの森S・Cで、2007（平成19）年に誕生している。これは2013（平成25）年に撮影された空撮写真であり、それから10年が経過した現在では、さらに周辺では開発が進み、新しいマンション、住宅などが誕生している。◎2013年

流山おおたかの森駅周辺

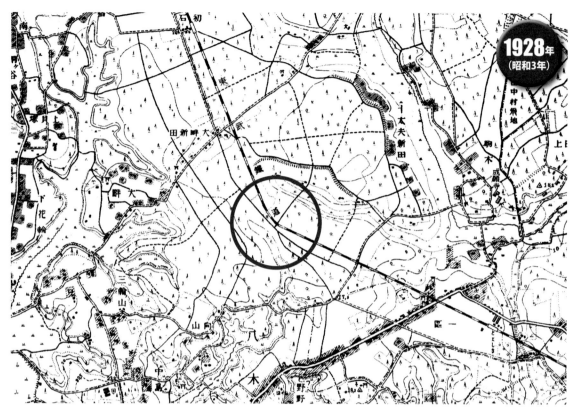

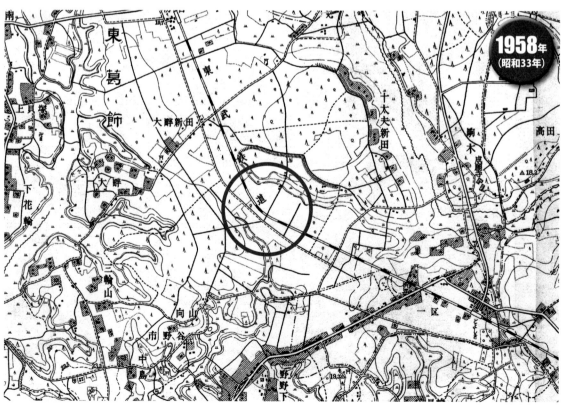

中央を斜めに通っている東武野田線には、北に初石駅、南に豊四季駅が置かれている。戦前から戦後にかけて、現在の流山おおたかの森駅付近には駅は存在せず、2005（平成17）年の地図でようやく、つくばエクスプレス線とともに流山おおたかの森駅が開業している。この当時の地名は、まだ「西初石」だった。この地図の右上には江戸川大学があり、隣の柏市内にかけて、工場が多く存在していることが分かる。戦前からあった新田の名称は「大畔（おおぐろ）」「十太夫」という地名に残されている。

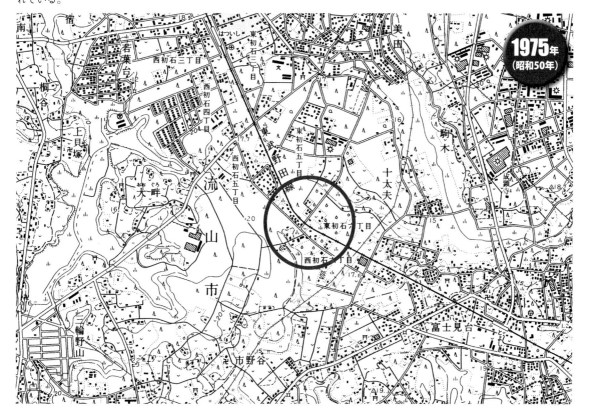

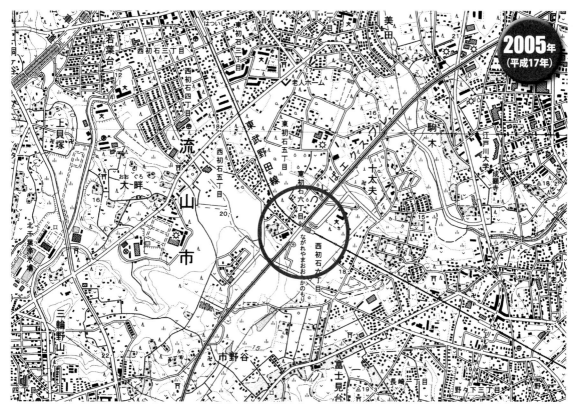

【北千葉浄水場】流山市桐ケ谷に置かれている北千葉広域水道企業団の北千葉浄水場の空撮写真で、左下には高架水槽が建てられている。この広域水道企業団は、千葉県のほか流山市・松戸市・野田市・柏市・我孫子市・習志野市・八千代市の１県７市が加盟し、それぞれの家庭に水道水を提供している。なお、「桐ケ谷」の地名は、流山おおたかの森駅の西側にあって、江戸川沿いに広がっており、この浄水場の北東には千葉県立流山おおたかの森高校が存在している。
◎1984（昭和59）年５月22日　撮影：朝日新聞社

一直線に走る新設のつくばエクスプレス線に置かれている、流山おおたかの森駅。その裾を通って、緩やかにカーブしながら進んでゆくのは歴史ある東武野田線である。新旧の鉄道の対比が著しい場所だが、既に南東側には巨大な流山おおたかの森S・C（ショッピング・センター）が姿を現そうとしている。正式にオープンするのは翌年の2007（平成19）年であり、そ

の後もANNEXやFLAPSなどの別棟が誕生している。この時期、まだ更地や緑の林などが目立っているが、次々と開発されて大型のマンションや住宅地に変わっていく。その中で、絶滅危惧種のオオタカが棲む駅西側の市野谷、三輪野山地区では県立都市公園「市野谷の森公園」の整備が進められている。

柏の葉キャンパス駅

所在地：千葉県柏市若柴174
開業：2005（平成17）年8月24日
キロ程：30.0km（秋葉原起点）　ホーム：2面2線
乗降人員：17,241人/日（2022年）

1954（昭和29）年に誕生した柏市は、その後も拡大を続けて、2005（平成17）年には東葛飾郡沼南町を編入した。2010（平成22）年には人口40万人を突破している。この人口増加を支えていたのは市内各地における住宅の建設で、こうした大規模、高層マンションの存在が一翼を担っていた。これはつくばエクスプレスの柏の葉キャンパス駅の駅前に建てられていた3つのマンション。現在はさらに数が増えて、壮観なマンション群が見られる街となっている。
◎2011（平成23）年12月23日　撮影：朝日新聞社

【柏の森キャンパス駅付近】柏の森キャンパス駅の周辺では、高層マンションの建設がさらに進んでいる。

【柏駅付近】人口43万人の柏市の玄関口、柏駅付近の風景。
◎提供：個人蔵 柏市教育委員会

柏市は人口約43万3000人で、千葉県で第５位の都市となっている。市の玄関口となっているのはJR常磐線の柏駅で、南北に南柏駅と北柏駅が存在し、柏駅から延びる東武野田線（アーバンパークライン）にも６駅（柏駅を含む）が設置されている。ここに2005（平成17）年８月、つくばエクスプレスの２駅が加わった。

　柏市における南側の駅は、柏の葉キャンパス駅で、「キャンパス」の名称が付けられているように、この駅の周辺には、東京大学や千葉大学のキャンパス（校地）が存在している。また、駅の西側には柏の葉公園も広がっている。千葉県立柏の葉公園は、45ヘクタールの面積をもつ柏市民の憩いの場であり、スポーツ施設も充実している。完成したのは1999（平成11）年だが、戦前には陸軍の軍用地であり、1938（昭和13）年には柏陸軍飛行場が建設され、その施設は徐々に拡大していった。戦後はアメリカ軍が一時的に接収した後、農地に転用されたが、1950（昭和25）年に朝鮮戦争が勃発すると再び、アメリカ軍に接収され、柏（無線）通信所として使用していたが、1979（昭和54）年に全面返還された。現在、公園の南側には自衛隊の柏送信所が存在している。

　アメリカ軍柏通信所の全面返還後、跡地には柏の葉公園とともにさまざまな施設が誕生した。その代表的なものが、東京大学柏キャンパスや千葉大学柏の葉キャンパスであり、これが駅名の由来となった。このほか、国土交通大学校、警察庁科学警察研究所、国立がん研究センター東病院、千葉県立柏の葉高校などが跡地にできている。東京大学柏キャンパスは、東京大学柏地区キャンパスの一部で、跡地にできたこの柏キャンパスとともに、千葉大学園芸学部の旧農場の一部を移管した柏Ⅱキャンパス、柏の葉駅前キャンパスで構成されている。中心となる柏キャンパスには宇宙線研究所、大気海洋研究所、物性研究所などが置かれている。柏の葉高校は2007（平成19）年に柏北高校、柏西高校が統合されて開校している。また、柏の葉キャンパス駅の東西には、パークシティ柏の葉キャンパスなどの超高層マンション群が建設されている。

　駅の西側、柏の葉公園の先には常磐自動車道が走っており、北には柏インターチェンジが置かれ

ており、国道16号（東京環状）と接続している。国道16号は柏の葉キャンパス駅の北側で、つくばエクスプレス線と交差している。柏インターチェンジの南西には、千葉県立柏高校が存在している。柏高校は1970（昭和45）年に開校し、既に半世紀にわたり卒業生を送り出している。卒業生には、漫画の江口寿史氏、吉野朔実氏らがいる。

　柏の葉キャンパス駅の構造は、相対式ホーム２面２線を有する高架駅。駅の所在地は柏市若柴で、かつては若柴村が存在していた。1889（明治22）年、大青田（おうだ）村、小青田（こおだ、こあおた）村、大室村などと合併して、東葛飾郡田中村の一部となった。この田中村は、隣駅の「柏たなか」の駅名の由来となっており、柏たなか駅のページで詳しく紹介する。

【柏駅のホーム】柏駅には常磐線の快速線・緩行線の列車が停車し、駅番号は異なっている。◎提供：柏市教育委員会

【柏駅前】大きなビルが建ち並ぶ前の時代、昭和の雰囲気が色濃かった頃の柏駅の駅前風景。◎提供：柏市教育委員会

柏の葉キャンパス駅周辺

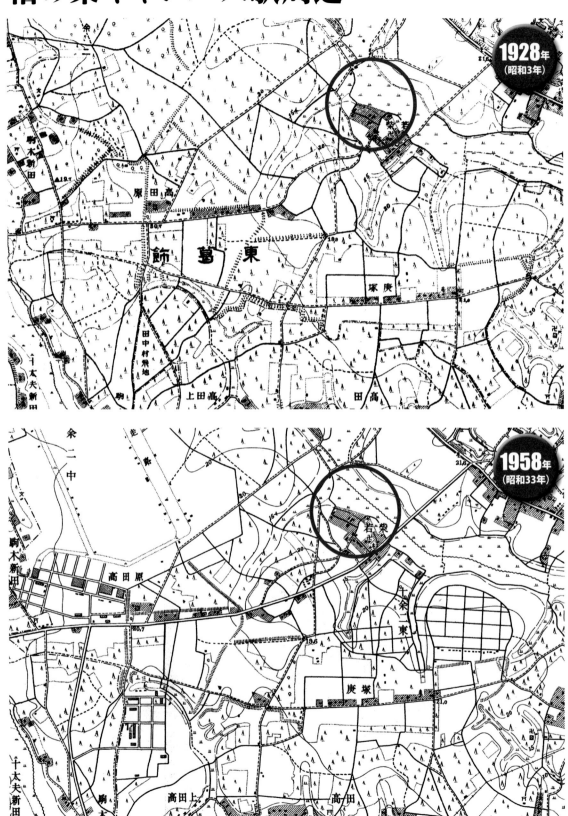

1928年
（昭和3年）

1958年
（昭和33年）

4枚の地図を比較する際、最新の地図から遡れば、この地域の状況の変化がかなり鮮明に分かってくる。2005（平成17）年につくばエクスプレスが開業し、柏の葉キャンパス駅が誕生するとともに、東京環状（国道16号）といった周辺の道路も整備されている。しかし、その前の地図では道路だけが開通し、さらに戦前の地図では道路も未整備で、わずかに集落が見えるばかりである。その中に「若柴」の集落が見え、戦後の一時期には柏ゴルフ場（倶楽部）が存在していた。

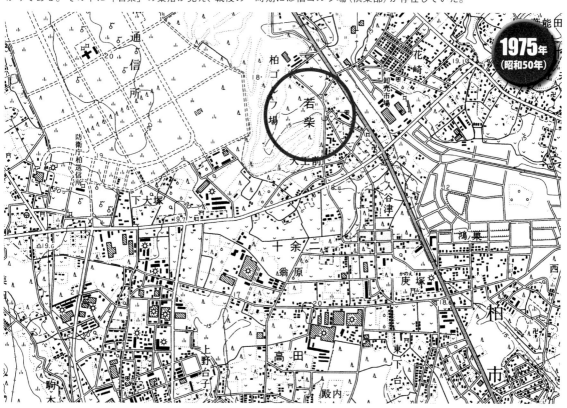

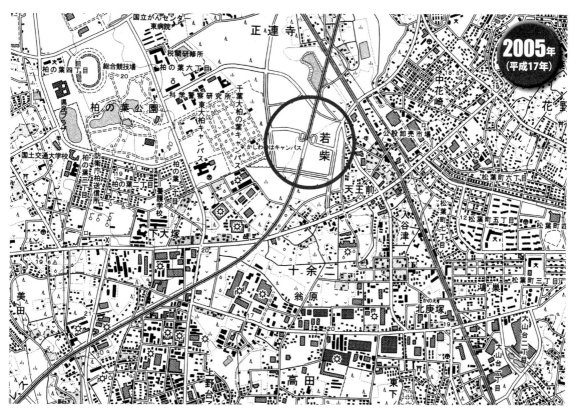

柏たなか駅

所在地：千葉県柏市小青田5−16−1
開業：2005（平成17）年8月24日
キロ程：32.0km　ホーム：2面2線
乗降人員：7,016人/日（2022年）

お隣の柏の葉キャンパス駅と、柏たなか駅との距離は2.0キロであり、このあたりのつくばエクスプレス線ではかなり短くなっている。北側の柏たなか〜守谷間は5・7キロであり、柏の葉キャンパス〜流山おおたかの森間は3.5キロとなっている。柏たなか駅の周辺においても、都市再生機構（UR）による、「つくばエクスプレスタウン」柏北部東地区の大規模開発が行われており、その核となる駅設置が計画された。計画中の駅の仮称は「柏北部東」だったが、誕生した駅名は「柏たなか駅」だった。

柏たなか駅の所在地は、柏市小青田（こあおた）5丁目である。古くからあった小青田村は1889（明治22）年、東葛飾郡の若柴村、大青田村などと合併して田中村が成立し、田中村・十余二（とよふた）村組合となった。その後、1914（大正3）年に組合を解消し、田中村が十余二村を編入した。1954（昭和29）年9月に柏町（旧千代田村）、田中村、土村、小金町が合併して、東葛市が誕生。同年11月に柏市と改称した。この田中村の面積（約26平方キロメートル）は広く、現在の柏の葉キャンパス駅、柏たなか駅を含む範囲に広がっていた。こ

の村の名である「田中」が、駅名の由来である。

なお、駅周辺の地名は「小青田」だが、東側には「大室」の地名が広がっており、駅の南側に柏市立田中小学校、田中中学校が存在している。1873（明治6）年に吉祥院仏堂を仮校舎として、大室小学校が開校。1890（明治23）年、大室小学校と花野井小学校が統合されて、田中尋常小学校が開校した。1947（昭和22）年、学制により、田中小学校と田中中学校が誕生し、1964（昭和39）年に小学校は現在地に移転し、校舎が新築された。なお、吉祥院は駅の東側に存在する真言宗豊山派の古刹で、創建は不詳だが、境内にはカヤの大木があり、「大室の盆綱引き」は柏市無形文化財となっている。

現在の柏たなか駅。高架の軌道が膨らんだような形状をもっているスマートな未来形の駅舎である。

つくばエクスプレスが開通する際、千葉県柏市の柏たなか駅前では、縄文時代の竪穴住居跡が発掘された。これは当時、最新の駅舎、高架鉄道と、古代の人々の営みの地を対比する珍しいツーショットである。ここにはかつて、縄文時代中期の環状集落である大松遺跡が存在しており、さらには駅の東側に小山台遺跡が存在していたことが、柏たなか駅周辺の区画整理事業で明らかになってきた。その後も、千葉県教育振興財団文化財センターなどが発掘調査を行っている。
◎2005（平成17）年5月25日　撮影：朝日新聞社

柏たなか駅は2005（平成17）年8月に開業している。駅の構造は相対式ホーム2面2線の高架駅で、3階がホームとなっている。駅の西側では、「つくばエクスプレスタウン」のライオンズ柏たなかステーションプラザ、ラ・プリマ・チッタTX柏たなかなどが開発され、さらに十余二工業団地、日立ヘルスケア・マニファクチャリングの本社がある。また、駅付近には柏たなか病院、医療創生大学の柏キャンパスが存在している。一方、駅の東側では、東急不動産によるニュータウン「柏東急ビレジ」が開発されている。この付近には柏ビレジ近隣公園、柏ビレジ水辺公園などの緑地があり、先述の柏市立田中小学校、花野井小学校などが存在している。

駅の北側を流れている利根川は、「坂東太郎」と呼ばれる関東一の大河であり、このあたりでは千葉県と茨城県の県境となっている。その源は群馬県利根郡みなかみ町にある大水上山だが、この駅北西の柏市、野田市、茨城県守谷市付近において、もうひとつの大河である鬼怒川と合流する。鬼怒川は栃木県日光市の鬼怒沼を源とし、湯西川、大谷川、田川などを合わせて南に流れている。2つの川が一緒になった利根川は南東に進み、我孫子市、取手市方面に流れてゆくことになるが、合流地付近の南側には、クリアビューゴルフクラブ＆ホテルが存在している。

柏たなか駅周辺

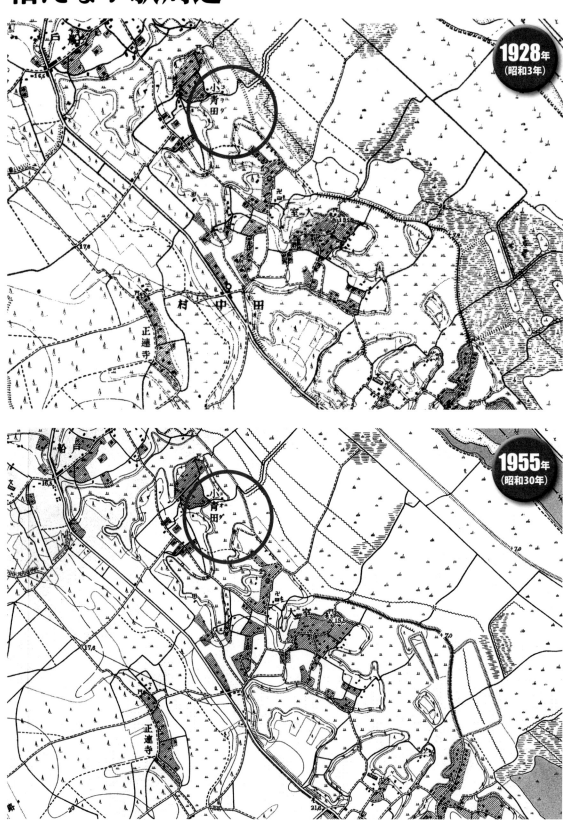

戦前から戦後にかけて、田中村（現・柏市）は千葉県の北西部にあり、茨城県と接していた。北東側に見える利根川が県境である。現在の柏たなか駅の付近には、戦前からあった「小青田（こうだ）」「大室」などの古い集落に加えて、1975（昭和50）年の地図では「小山台」の地名も見えるようになった。西側には十余二工業団地も誕生している。2005（平成17）年に柏たなか駅が誕生した以降、周辺の道路も整備されて、東側には柏ビレジ水辺公園も誕生している。

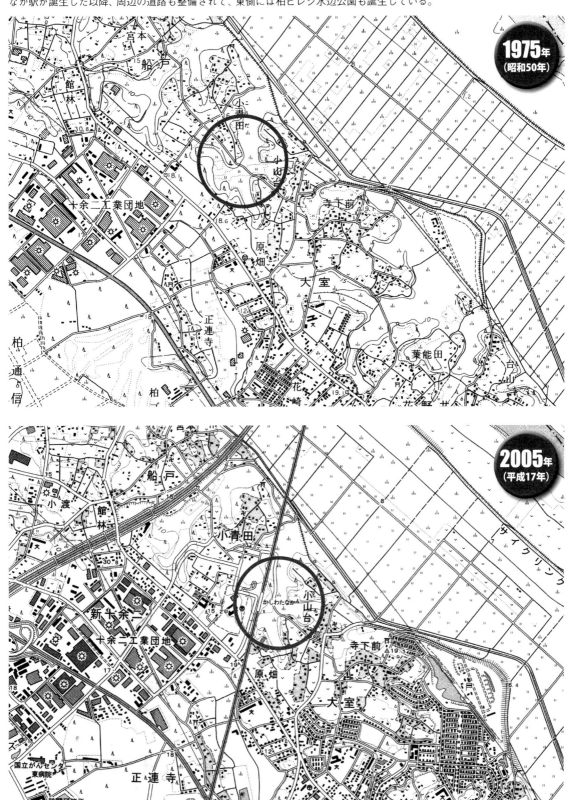

守谷駅

所在地：茨城県守谷市中央4－9
開業：2005（平成17）年8月24日
キロ程：37.7km（秋葉原起点）　ホーム：2面4線
乗降人員：21,927人/日（2022年）

　つくばエクスプレスは、千葉県と茨城県の県境付近では、常磐自動車道の東側を並行して進んでゆく。利根川を渡った先もそのまま北東に進んでゆくが、やがて東寄りに向きを変えた後、国道294号を越えた場所に置かれているのが、次の守谷駅である。

　守谷市は茨城県の南部、利根川の右（北）岸に広がっており、面積は35・71平方キロメートル、人口は6万9000人の都市である。江戸時代から稲作、畑作が盛んであったが、1980年代から常総ニュータウンの開発が進み、都内への通勤者が住むベッドタウンに変わりつつある。守谷市の人口は、守谷町だった1975（昭和50）年には1万4000人と少なかったが、1990（平成2）年には3万6000人に増加し、2005（平成17）年には5万3000人に達した。2010（平成22）年には6万2000人となっている。この間、つくばエクスプレスの開通により都心への直通が可能となって、居住者の利便性も向上した。つくばエクスプレス線の開通以前は、取手駅と下館駅を結ぶ関東鉄道常総線が唯一の鉄道路線で、守谷駅、南守谷駅、新守谷駅の3駅が置かれていた。

　つくばエクスプレスの守谷駅は、2005（平成17）年8月に開業している。ここで連絡する常総線の守谷駅は、その1世紀近い前の1913（大正2）年11月に誕生している。これまで、常総線に乗った後、取手駅で常磐線に乗り換えて都内に出掛けていた守谷市民は、つくばエクスプレスの開通で直接、都心の浅草、秋葉原に行けるようになった。守谷駅の所在地は、つくばエクスプレス駅は守谷市中央4丁目、常総線の駅は守谷市中央2丁目である。駅の構造は、前者は島式ホーム2面4線の高架駅で、後者は島式ホーム2面4線の地上駅で橋上駅舎を有している。常総線のホームは1階、つくばエクスプレス線のホームは3階にあり、両線の改札口は2階に置かれている。

　守谷駅の開業は1913（大正2）年だが、常総線においても他の2駅はかなり遅く誕生している。南側にある南守谷駅は、常総筑波鉄道時代の1960（昭和35）年11月の開業である。北側の新守谷駅は、さらに遅れて関東鉄道になった後の1982（昭和57）年3月に開業している。この新守谷駅は、現在の都市再生機構（UR）の常総ニュータウンの

北守谷地区の開発、街開きに合わせて設置された駅だった。

　「守谷」の地名は「森屋」とも呼ばれ、その由来も3つの説が存在する。日本武尊が「森なる哉」と言った「森哉」が「守谷」になったという説、平将門が城を築いた「守るに易き谷」から来たという説、郡衙や屯倉があったことで「まもりびと」「もりや」といわれたというものである。鎌倉時代には守谷城が築かれ、室町時代、安土桃山時代は相馬氏、北条氏の城となっていた。江戸時代前期には菅沼氏などが支配する守谷藩1万石の城であったが、城主の転封によって廃城となり、中期以降は関宿藩領などになっていた。明治維新後の1869（明治2）年に葛飾県相馬郡守谷町となり、印旛県、千葉県を経て茨城県の所属となり、1889（明治22）年の町村制では北相馬郡守谷町が成立した。1955（昭和30）年、守谷町と大井沢村、大野村、高野村が合併して、新たな守谷町が成立。2002（平成14）年、守谷町が市制を施行して守谷市となっている。

　守谷駅の北側には引き込み線が延びており、その先には守谷市松並とつくばみらい市筒戸にまたがる形で、つくばエクスプレスの総合基地が置かれている。2005（平成17）年に開所したこの総合基地では、つくばエクスプレス車両の検査・修繕などが行われている。また、毎年秋には、つくばエクスプレスまつりが開催されて、車両や施設の一般公開が実施されている。

関東鉄道常総線とつくばエクスプレス線が乗り入れている守谷駅。

常総線は、守谷駅につくばエクスプレスが通じてから、取手駅よりも守谷駅に向かうように乗客の流れが変わった。写真は茨城県が「第二常磐線と地域開発に関する調査研究会」が立ち上がった頃の時代の守谷駅ホーム。
◎守谷
1982（昭和57）年夏頃
撮影：山田虎雄

寺原で交換するキハ721先頭の取手行。キハ721は加越能鉄道（富山、1972年9月廃止）からの転入車。2両目は小田急御殿場行「特別準急」キハ5000形を3ドア、ロングシート化したキハ751形。取手～寺原間は1977年4月に複線化された。
◎寺原
1979（昭和54）年2月
撮影：山田 亮

稲戸井で交換するキハ800形805先頭の取手行。キハ800形はロングシート化され、5両全車が常総線で使用され最後まで2ドアで1993年まで運行された。2両目は元小田急キハ5000形のキハ751形。寺原～南守谷間は1982年12月に複線化された。
◎稲戸井
1979（昭和54）年2月
撮影：山田 亮

守谷駅周辺

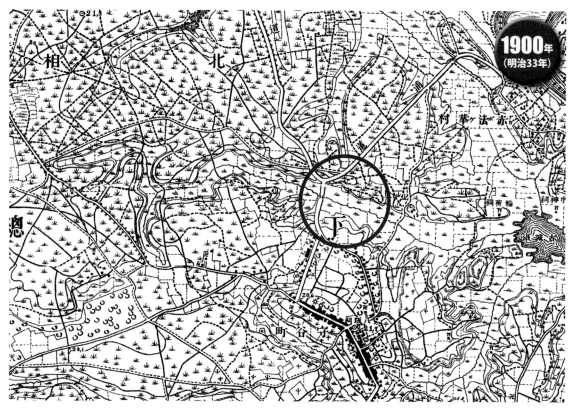

1900年（明治33年）

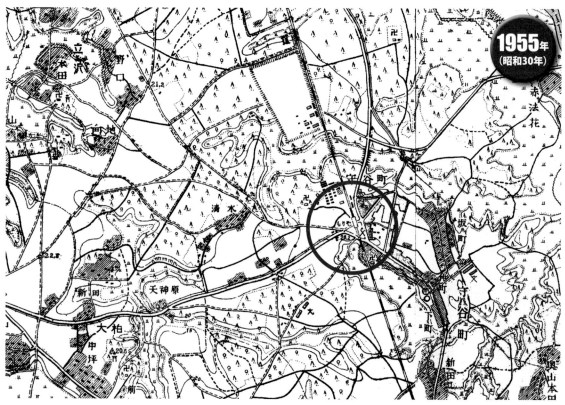

1955年（昭和30年）

広い農地が広がっていた1900（明治33）年の地図から、次第に発展していった守谷駅周辺の様子が4枚の地図から見て取れる。関東鉄道常総線が開通して守谷駅が誕生した後、1975（昭和50）年の地図では、西側を走る国道294号が開通している。さらに2005（平成17）年にはつくばエクスプレス線の開通・守谷駅の開業に加え、常磐自動車道の誕生もあって、広い範囲で住宅地の開発も進んでいる。北側には、前川製作所、クレトイシ工場も見えている。

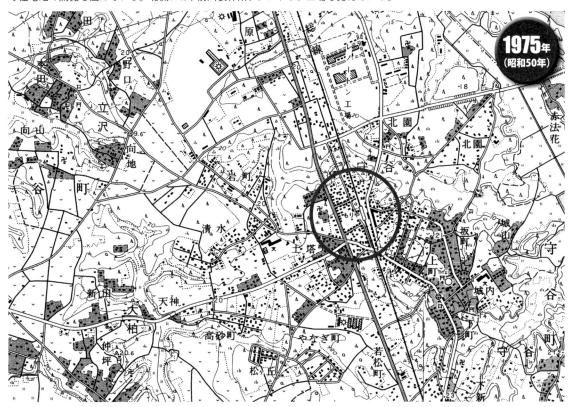

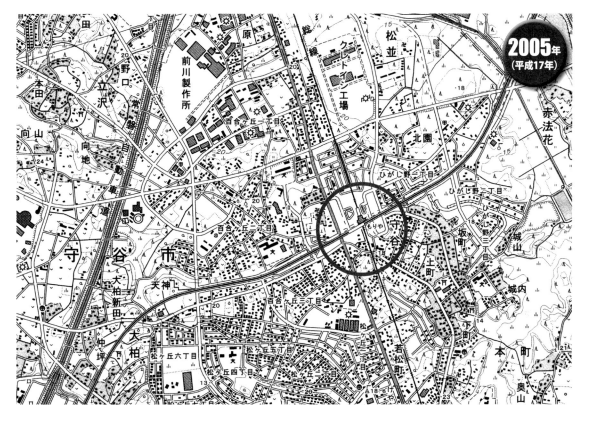

【守谷駅付近の空撮】
守谷駅が置かれている守谷市中心部の空撮写真である。守谷市の人口は6万9000人で、つくばエクスプレスが開通したことにより大きく増加した。2002（平成14）年に守谷町が市制を施行し守谷市になった後、2010（平成22）年に町名変更、地番整理事業が実施されて、守谷駅付近の住居表示は、守谷市中央に変わっている。とはいえ、つくばエクスプレス線、関東鉄道常総線から離れている西側では、まだ多くの農地が残っている。◎2019年

関東鉄道常総線とつくばエクスプレス線が交わるこの守谷駅では、2004（平成16）年に常総線駅の地上駅舎が解体され、2005（平成17）年3月に新しい橋上駅舎に変わっている。同年8月には、つくばエクスプレスの高架駅が誕生した。常総線駅の東西には、それぞれバスロータリーが設置されており、主に関東鉄道の路線バスが発着している。このロータリーに続

く駅前の道路は、東西ともに独特の形状を成している。現在、東側のロータリー横には東横INN守谷駅前がオープンしている。また、後に西側のロータリーを囲むようにして、地上14階のマンション「ライオンズ守谷駅前プレミアム」や千葉銀行守谷支店、常陽銀行守谷支店が誕生している。

みらい平駅

所在地：茨城県つくばみらい市陽光台1－5
開業：2005（平成17）年8月24日
キロ程：44.3km（秋葉原起点）　ホーム：2面2線
乗降人員：5,266人/日（2022年）

　つくばエクスプレス線は、つくばみらい市では人家の少ない田園地帯の中を北東に進んで行くが、みらい平駅の手前では一転、陽光台の住宅地が広がってくる。このあたりは、つくばエクスプレス沿線開発地域みらい平地区の中心部にあたり、その核となるのがみらい平駅である。みらい平駅の開業は2005（平成17）年8月で、駅の所在地はつくばみらい市陽光台1丁目である。なお、開業時の住所は、筑波郡谷和原村大字東栖戸字小目作だった。2006（平成18）年につくばみらい市が誕生すると、つくばみらい市東栖戸字小目作となり、2013（平成25）年に駅周辺の土地区画整理事業が終了して、同市陽光台1丁目に変わった。この駅は相対式ホーム2面2線を有する駅であり、ホームは掘割の中に造られているため、駅舎は地平に置かれている。

　つくばみらい市は、2006（平成18）年に筑波郡の伊奈町と谷和原村が合併して成立した。前者は1954（昭和29）年に三島村、谷井田村、豊村、小張村が合併して、伊奈村が成立した後、1985（昭和60）年に町制を施行して、伊奈町となっていた。一方、谷和原村は1955（昭和30）年に筑波郡の谷原村、十和村、福岡村と、北相馬郡の小絹村が合併して成立した。みらい平駅の置かれている場所は旧谷和原村（大字東栖戸）である。なお、「伊奈」の地名は、江戸時代の関東代官、伊奈氏にゆかりがあり、埼玉県にも伊奈町が存在する。つくばみらい市と埼玉県北足立郡伊奈町は、2013（平成25）年に友好都市協定を結んでいる。

　守谷市からこのつくばみらい市にかけて、つくばエクスプレス線は千葉・茨城県道46号野田牛久線に沿って走ってきたが、県道46号はみらい平駅の手前で右に折れてゆく。つくばエクスプレス線はみらい平駅を過ぎると、西側を走っていた常磐自動車道と交差することとなる。常磐自動車道にはこの先、みどりの駅の南東に谷田部インターチェンジが設置されている。

　みらい平駅の東側には、2017（平成29）年に完成したソーラーパークつくばみらい発電所やFつくばみらい太陽光発電所、茨城つくばみらいMG発電所といった大規模太陽光発電所が存在している。また、南から取手国際ゴルフ倶楽部、筑波カントリークラブ、茨城ゴルフ倶楽部、常陽カントリー倶楽部があり、ゴルフ場の多い場所となっている。これらのコースは、取手国際ゴルフ倶楽部が1958（昭和33）年、筑波カントリークラブが1959（昭和34）年、茨城ゴルフ倶楽部が1962（昭和37）年、常陽カントリー倶楽部が1961（昭和36）年と、ほぼ同時期に開場している。かつては常磐線の取手駅から循環バスが運行されていたが、現在はみらい平駅から無料バスが運行されている。

　戦前に計画された筑波高速度電気鉄道では、このみらい平駅の南東に小張駅（仮称）が置かれる予定だった。この駅の予定地付近は小張村で、小張村は1954（昭和29）年の合併により、伊奈町の一部に変わったことは先述した。現在、みらい平駅の南側には、つくばみらい市立小張小学校が存在している。この小張小学校は、1873（明治6）年に開校した歴史の古い学校である。

現在のみらい平駅。掘割状の地に設置されている駅であり、駅舎のアーチ状の梁は木材で造られている。

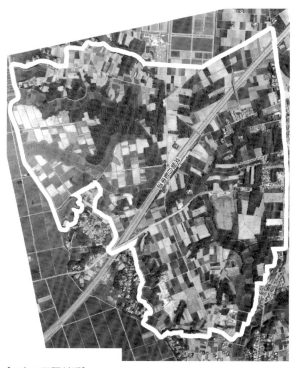
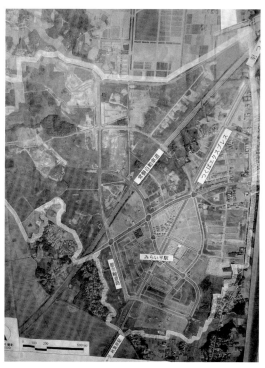

【みらい平駅付近】
みらい平駅の周辺では、常磐自動車道とつくばエクスプレス線の開通により、風景に大きな変化が起きている。
◎提供：つくばみらい市

2005（平成17）年につくばエクスプレスが開業した翌年2006年11月、つくばみらい市と守谷市にまたがる形で誕生した、つくばエクスプレスの総合車両基地で開催されていたつくばエクスプレスまつりの会場風景である。「筑波山梅まつり」といった色鮮やかなヘッドマークを付けた車両を親子連れ、鉄道ファンが熱心に撮影している。毎年秋に開かれるこの鉄道イベントでは、車両基地までの臨時列車が運転され、車両基地、工場が一般公開されている。
◎2006（平成18）年11月4日　撮影：朝日新聞社

みらい平駅周辺

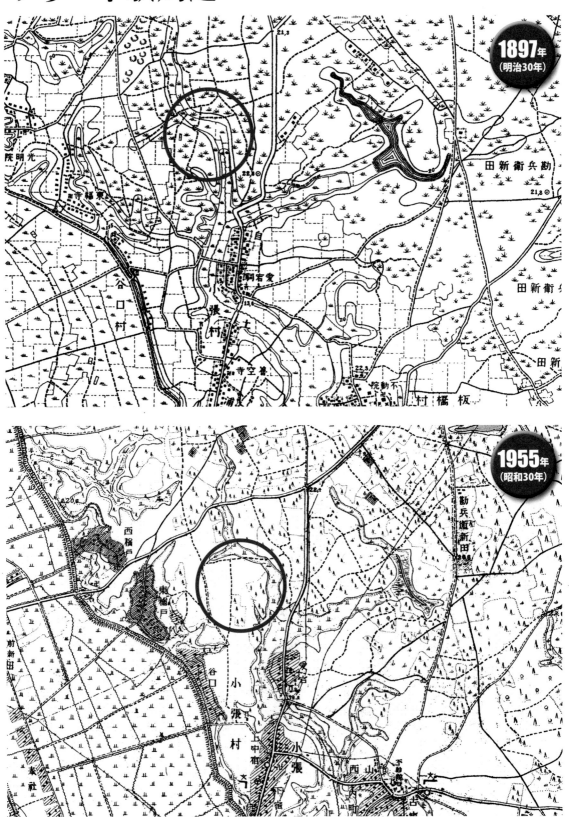

古い2枚の地図では小張（おばり）村、勘兵衛新田といった農地、山林が広がっていた、みらい平駅の周辺の地図である。1954（昭和29）年の合併により、伊奈町に変わった小張村だが、1955（昭和30）年の地図ではまだ村名が残っている。1975（昭和50）年の地図では北東側に2つのゴルフ場が誕生している。つくばエクスプレス線が開通した2005（平成17）年の地図では、北西側に「宅地造成中」の文字が見える。この当時はまだ、みらい平駅周辺における開発は道半ばだった。

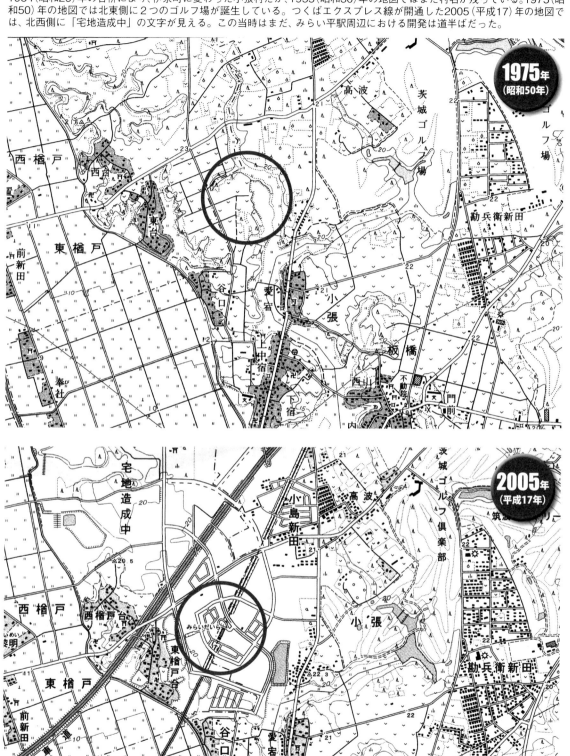

みどりの駅

所在地：茨城県つくば市みどりの1－29－3
開業：2005（平成17）年8月24日
キロ程：48.6km（秋葉原起点）　ホーム：2面2線
乗降人員：4,838人/日（2022年）

　つくばみらい市を通り抜けてきたつくばエクスプレスは、市境を越えて最後の自治体であるつくば市に入ってきた。市境に近い場所に置かれているのは、みどりの駅である。2005（平成17）年8月に開業したこの駅は、つくば市みどりの1丁目に置かれている。みどりの駅の構造は、相対式ホーム2面2線を有する高架駅である。開業前の仮称は「萱丸」駅だった。

　駅のある場所は2016（平成28）年に町名変更、地番整理事業で変更される前は、つくば市下萱丸と呼ばれていた。江戸時代、このあたりには谷田部藩細川家の支配下にあった萱丸村が存在し、幕末に上萱丸村と下萱丸村に分かれた。1889（明治22）年の町村制の施行により、上萱丸村、下萱丸村は筑波郡の谷田部町の一部となった。この谷田部町、大穂村、豊里村、新治郡桜村が1987（昭和62）年に合併して、つくば市が誕生している。町名変更、地番整理事業があった後の現在においても、みどりの駅の周辺には、「上萱丸」「下萱丸」の住居表示が存在している。

　戦前においては、1926（大正15）年から短期間

存在した常南電気鉄道において、谷田部線を延伸する計画もあった。また、昭和初期に計画されていた筑波高速度電気鉄道では、谷田部町内に谷田部駅（仮称）が設置される予定だった。この「谷田部」は縄文時代の遺跡や古墳が残る早くから開けた場所であり、その後は常陸国河内郡7郷のひとつ、「八部郷」の中心地となっていた。戦国時代には谷田部城が築かれ、下妻城の城主だった多賀谷

パーキングエリアが整備されているみどりの駅前の風景。

【科学万博会場の駐車場】
1985（昭和60）年、つくば市御幸が丘で開催されていた国際科学技術博覧会は、終盤には大いに賑わいを見せ、最後の日曜日（9月15日）には、駐車場は自動車でいっぱいだった。当時はつくばエクスプレスが開通しておらず、鉄道を利用する人は常磐線や関東鉄道常総線の駅などから、路線バスを利用していた。時代が変わって現在では、つくばエクスプレス線のみどりの駅からも、会場跡地の科学万博記念公園を経て、研究学園駅に至る路線バスを、関東鉄道が運行している。
◎1985（昭和60）年9月15日　撮影：朝日新聞社

氏がこの城の付近も支配した。江戸時代になると、熊本藩細川家の分家が谷田部藩主となり、1万石の領地を治める谷田部陣屋を置いた。この時代には、からくりや和時計などを発明した新町村の名主、飯塚伊賀七が現れて、谷田部の名を高めている。明治維新後には、新町村と内町村、台町村が合併して谷田部町となり、1889（明治22）年には周囲の村と合併してさらに町域を広げている。

現在、常磐自動車道には、谷田部インターチェンジが置かれているが、この付近を流れて牛久沼に注ぐのが谷田川であり、牛久沼の南側をさらに進んで小貝川に合流する。龍ケ崎市にある牛久沼は、ハクチョウが飛来することで知られ、うな丼の発祥の地としても有名である。東畔を走る国道6号沿いにはうなぎ料理店が多く、「うなぎ街道」と呼ばれている。

みどりの駅周辺

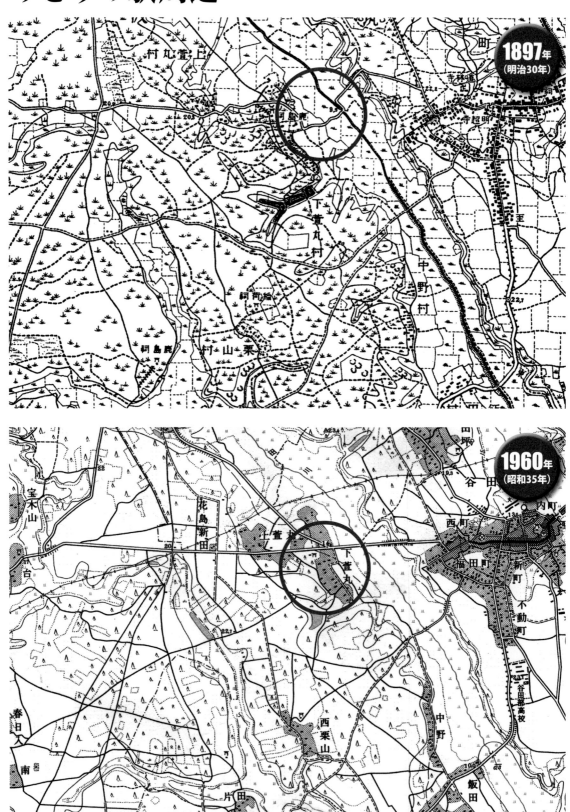

東側を通る古い街道沿いに集落が見え、谷田部町の中心部は早くから開けていたことが分かる。1960（昭和35）年の地図では、東西を結ぶ国道354号が開通している。さらに15年後の地図では、久保田鉄工場などの工場が誕生していたことがわかる。2005（平成17）年につくばエクスプレス線が開通して、みどりの駅が開業。また、南側を走る常磐自動車道とその間を結ぶ道路も整備されている。ナショナル住宅工場、伊藤製鉄所などの工場も増加している。

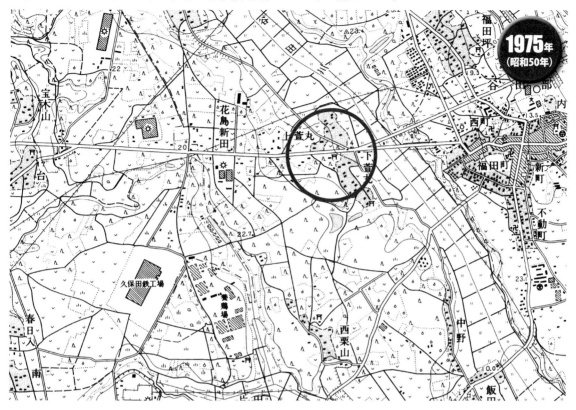

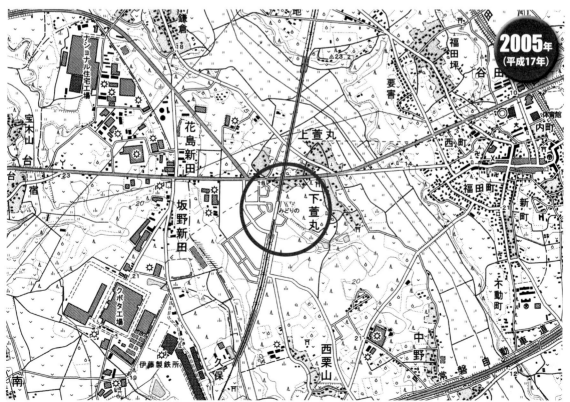

万博記念公園駅

所在地：茨城県つくば市島名4386
開業：2005（平成17）年8月24日
キロ程：51.8km（秋葉原起点）　ホーム：2面2線
乗降人員：3,233人/日（2022年）

1985（昭和60）年に開催された国際科学技術博覧会（科学万博、つくば万博）の第一（メイン）会場となったのが、当時の茨城県筑波郡谷田部町御幸が丘で、現在はつくば市御幸が丘となっている。ここには科学万博記念公園が置かれており、最寄り駅となっているのがつくばエクスプレスの万博記念公園駅である。万博記念公園駅は2005（平成17）年8月に開業している。駅の所在地はつくば市島名で、駅の構造は相対式ホーム2面2線を有する高架駅である。駅の西口側にはロータリーが設けられ、ミレニオつくば万博記念公園、アデニウムつくば万博記念公園が建っている。

国際科学技術博覧会（科学万博）ではテーマ館、いばらきパビリオン、東芝館、三菱未来館などの国内パビリオンのほか、アメリカ館、ブラジル館、フランス館、英国館といった外国パビリオンも多数建設されたが、ほとんどが解体、撤去されている。科学万博の閉幕後、御幸が丘にある跡地はいくつかに分割され、メイン会場Dブロックには1987（昭和62）年、科学万博記念公園が開園した。公園内には、貯水池「ぽっちゃん池」が水をたたえて残っているほか、高さ10メートルの「科学の門」が建てられている。また、「太陽の塔」で有名な芸術家、岡本太郎が制作したモニュメント「未来を視る」は、その後も公園内に置かれていたが、2005（平成17）年の万博記念公園駅の開業に合わせて、駅の東口広場に移設されている。

国際科学技術博覧会（科学万博）の閉幕後、メイン会場Dブロックは科学万博記念公園として開園

したが、その他の跡地は筑波西部工業団地に変わり、筑波フジキン、保土谷化学工業、応用地質などの工場やアステラス製薬つくば研究センター、JSR筑波研究所などが誕生している。なお、「御幸が丘」の地名は、昭和天皇がこの地において開会宣言を行ったことに由来しており、それまでは「面野井（おものい）」や「水堀」などだった。この科学万博では、会場周辺を走る道路にエキスポ大通り、サイエンス大通りといった名称が付けられた。エキスポ大通りは、茨城県道19号つくば取手線と県道123号土浦坂東線の一部であり、サイエンス大通りは茨城県道19号の一部の呼び名となっている。

現在の万博記念公園駅。岡本太郎作のモニュメント「未来を視る」が設置されている。

万博記念公園駅の南側では、首都圏中央連絡自動車道（圏央道）がつくばエクスプレス線を横切るように東西に走っており、万博記念公園の南東には、つくば中央インターチェンジが置かれている。このあたりの圏央道は2010（平成22）年に、つくば中央インターチェンジ〜つくばジャンクション間が開通し、2017（平成29）年に境古河インターチェンジ〜つくば中央インターチェンジが延伸し、茨城県内の部分が全通している。

　駅の北側、茨城県道19号と県道123号が交差する付近には、つくば秀英高校が置かれている。1995（平成7）年に開校した私立高校であり、プロ野球、阪神タイガースで活躍する大山悠輔選手のほか、多くのアスリートの卒業生を送り出している。また、校歌「風光る」は歌手のさだまさしが作詞・作曲を手掛けている。

つくば市御幸ヶ丘において建設工事中の国際科学技術博覧会（つくば科学万博）の会場を空から撮影している。博覧会はこの翌年（1985年）3月から9月にかけて開催されることになっており、会場に建てられるパビリオンなどが姿を現しつつある。つくば科学万博は閉幕時には、約2033万人の総入場者数を記録する成功を収めて、跡地は現在、科学万博記念公園を中心に筑波西部工業団地に変わっている。左上に見える円形のコースは日本自動車研究所高速試験場である。
◎1984（昭和59）年7月14日　撮影：朝日新聞社

万博記念公園駅周辺

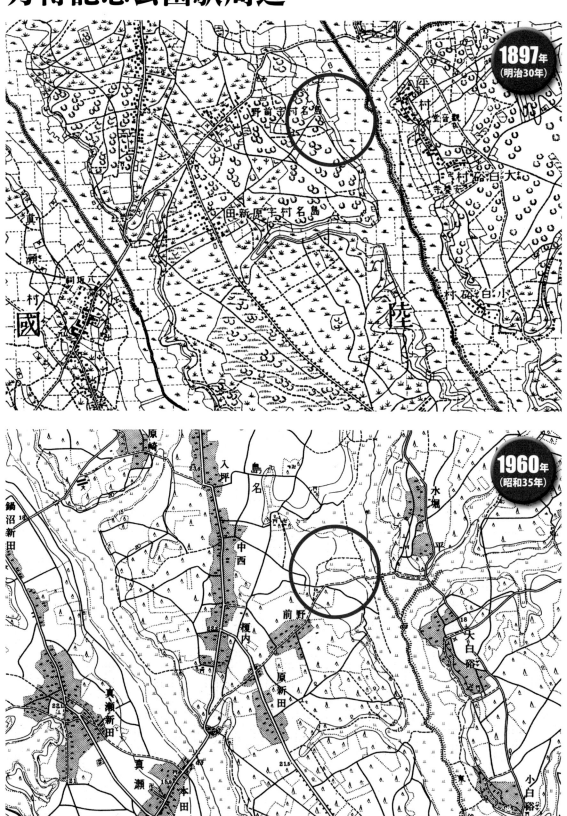

1897（明治30）年の地図では農地と山林が広がり、平村・大白硲（はざま）村・小白硲村・島名村・真瀬村などの文字が見えている。その後の地図では、道路などが整備されつつあるが、大きな変化は見られない。2005（平成17）年の地図ではつくば市が誕生し、つくばエクスプレスの万博記念公園駅が開業している。また、北東側には駅名の由来となった科学万博記念公園と筑波西部工業団地が見えている。「平」や「大白硲」といった古い村名は、地名として残っている。

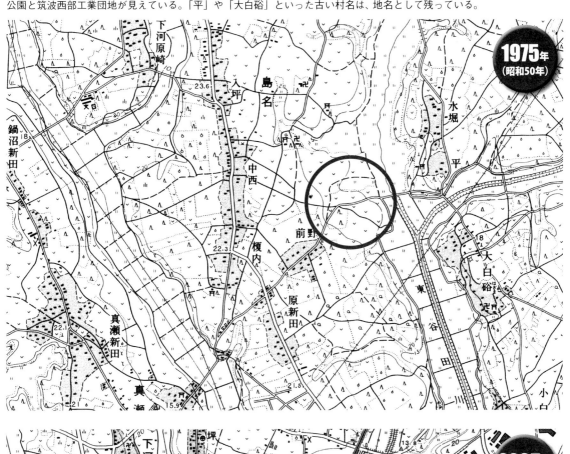

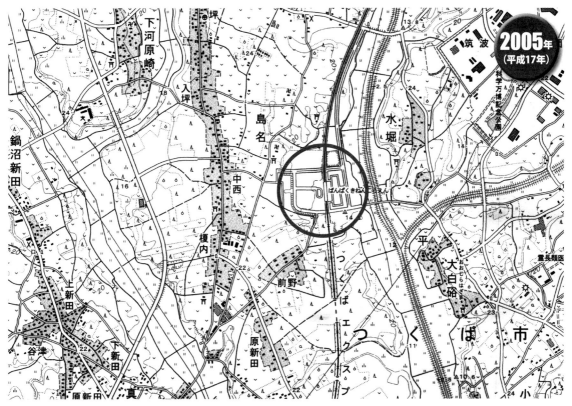

【万博記念公園駅付近の空撮】
西口駅前に大きなバスロータリーが見える、つくばエクスプレス線の万博記念公園駅付近の空撮である。駅の東側には、茨城県19号取手つくば線が整備されている。この駅は、茨城県の要請により誕生した、つくばエクスプレスでは唯一の請願駅であり、同線で最も乗車人員が少ない駅である。そのため、駅の付近にはマンション、駐車場などが建設されているものの、周辺の開発のスピードは遅く、まだまだ農地が多く残されている。

科学万博の絵葉書

（所蔵・文：生田誠）

【リニアモーターカー（HSST）】
時速300キロで走る未来の
乗物、リニアモーターカー
（HSST）。トリコロールのデザ
インが美しい。

【会場全景の空撮】
筑波万博の会場を空から撮影
した風景。向こうに筑波研究
学園都市、奥に筑波山が見え
る。

【筑波山を背景にした会場】
筑波山を背景にして、いばら
き館、ガスパビリオン、東芝
館などのパビリオンが個性を
競い合っていた。

144

【テーマ館】
「人間・居住・環境と科学技術」
を５つのコーナーにより、多
面的に紹介していた。

【こども広場】
家族連れの来場者に人気が
あったこども広場。科学技術
のおもしろさをわかりやすく
伝えていた。

【タイムスペース】
ジャイロスコープを応用し
た、巨大なレーザー日時計が
会場に設置されていた。

研究学園駅

所在地：茨城県つくば市研究学園5−9−1
開業：2005（平成17）年8月24日
キロ程：55.6km（秋葉原起点）　ホーム：2面2線
乗降人員：6,749人/日（2022年）

茨城県つくば市研究学園5丁目に置かれている研究学園駅は、終着駅のつくば駅の隣駅であり、つくば駅とは2・7キロ離れた西側に位置している。駅の構造は相対式ホーム2面2線を有する高架駅で、つくば市役所の最寄り駅となっている。「研究学園」の駅名、地名は筑波大学などを中心とする、筑波研究学園都市に由来している。筑波大学のキャンパスは、この研究学園駅の北東に広範囲にわたって存在しており、最寄り駅としては、つくば駅の方がやや近い。

筑波大学は、1973（昭和48）年に開学した比較的新しい大学だが、ルーツとなった（東京）師範学校（後の東京教育大学）は、その1世紀前となる1872（明治5）年に設立された日本最古の師範学校である。師範学校は教員養成機関のひとつで、江戸時代の昌平坂学問所の流れを汲む機関でもあった。当初の師範学校は東京師範学校になった後、東京高等師範学校に変わっていたが、戦後の1949（昭和24）年に東京文理科大学などと合併して、東京教育大学が成立した。キャンパスは都内の大塚、駒場、幡ヶ谷にあったものの、いずれのキャンパスも手狭であり、1978（昭和53）年に閉学して、その役割を終えた。代わって誕生したのが、現在のつくば市に開学した筑波大学だった。

東京教育大学と異なり、筑波大学は総合大学となっており、第一学群（人文学類、自然学類ほか）、第二学群（比較文化学類、農林学類ほか）、第三学群（社会工学類、情報学類ほか）とともに医学専門学群、体育専門学群が存在し、開学以来、研究と教育を分離している。また、積極的な産学連携活動を行っていることも、この大学の特徴である。各

界での活躍は目覚ましいが、特にスポーツ界では、ラグビー、サッカーなどで日本の大学のトップクラスのレベルを保ち、元プロサッカー選手の井原正巳氏、元プロ野球選手の吉井理人氏らが代表的な卒業生である。現在は、筑波キャンパスのほか、東京教育大学時代の校地を引き継いだ東京（大塚）キャンパス、文京校舎が存在している。

ところで、筑波大学の開学（1973年）よりもはるか以前、戦前からこの地へは高速鉄道の敷設計画が存在した。それは1920年代に会社として存在した筑波高速度電気鉄道で、都心の上野付近から八潮、三郷を経て、筑波山に至る路線を計画していた。しかし、自社の資金では鉄道建設はできず、京成電気軌道（京成）の助けを得て開通したのが、現・京成上野〜千住大橋間の区間で、1930（昭

現在の研究学園駅付近。つくばエクスプレスの高架線の向こうには、ホテルベストランドが建つ。

和５）年に両社が合併した後、1931（昭和６年）11月に日暮里〜青砥間、1933（昭和８）年12月に上野公園（現・京成上野）〜日暮里間が開業している。当時、筑波高速度電気鉄道が終着駅を予定していたのは、現在のつくば市の北側になる筑波山の南麓、つくば市神郡地区で、ここに筑波山駅を設置することになっていた。このあたりはいまも田園地帯となっており、南側に筑波国際カントリークラブ、東側につくばねカントリークラブという２つのゴルフ場が広がっている。

　筑波高速度電気鉄道は、現在のつくば市内にも数カ所の中間駅を設置する計画だった。そのひとつが、現在の研究学園駅とつくば駅の中間に設置する予定だった葛城駅。当時、この駅の予定地となっていたのは筑波郡葛城村で、この葛城村は1955（昭和30）年に谷田部町などと合併して、新しい谷田部町の一部となり、1987（昭和62）年につくば市の一部に変わった。つくば市には「葛城根崎」の住居表示があり、その東側の苅間地区に葛城小学校、葛城郵便局が存在している。この地区に鎮座している村の総鎮守、八坂神社から、葛城村の「葛城」という地名が生まれたとされている。

つくばエクスプレスの開業から丸２年が経過した、研究学園駅周辺の空撮写真である。右手には、つくばエクスプレス線が見え、その北側には奥に見える、つくば駅方面に続く北大通りが走っている。このあたりは「苅間」と呼ばれる地区だったが、2014（平成26）年の地番変更で、「研究学園」の住居表示が誕生し、同１〜７丁目に変わることとなる。なお、現在のつくば市役所は研究学園１丁目１番地１に置かれている。駅の所在地は研究学園５丁目９番地１となっている。
◎2007（平成19）年８月16日　撮影：朝日新聞社

研究学園駅周辺

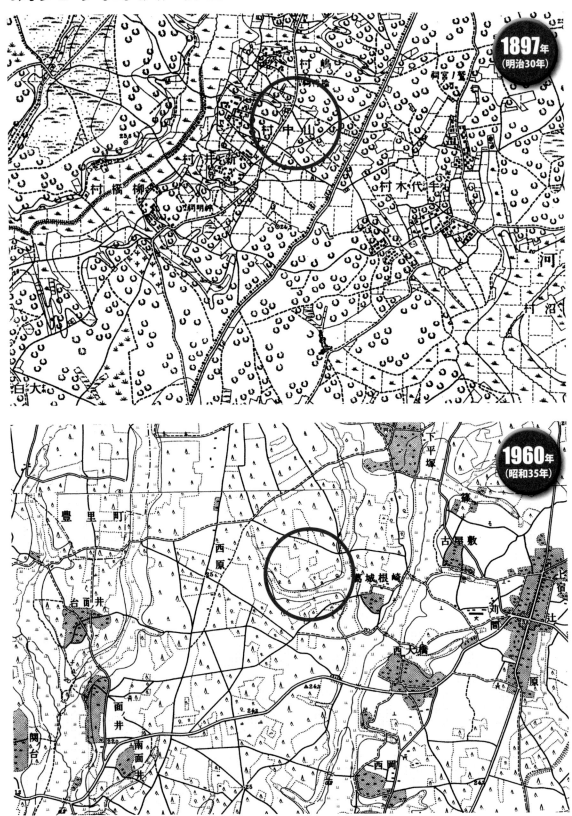

1897年
（明治30年）

1960年
（昭和35年）

明治の地図では、農村地帯に嶋村、山中村、新井村、手代木村、柳橋村といった村の名称が書かれているばかりである。これらの村は戦後、豊里村に変わって、一部の道路は整備されている。これが1975（昭和50）年の地図では一転、中央付近に日本自動車研究所のテストコースが誕生している。施設の一部は現在もつくば市苅間に残っているが、テストコースは2005（平成17）年、茨城県北東の城里町に移転した。跡地にはつくばエクスプレスの研究学園駅などができている。

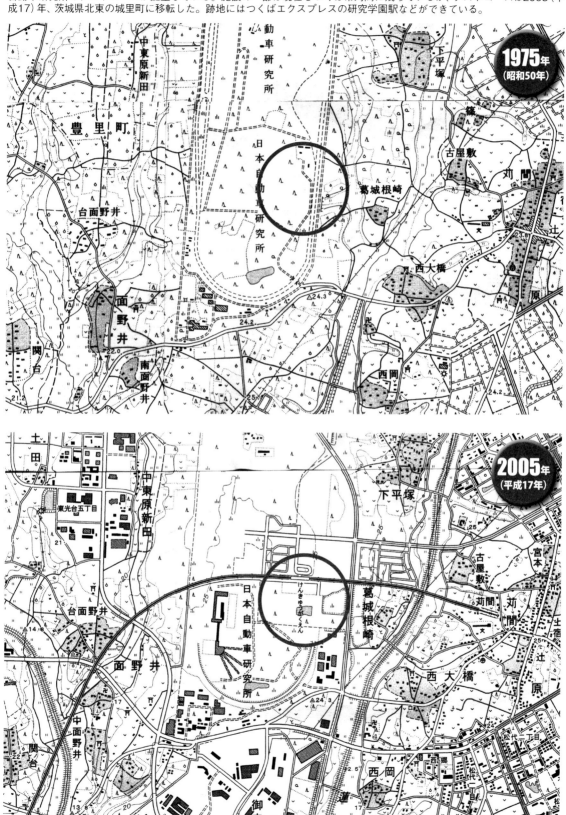

つくば駅

所在地：茨城県つくば市吾妻2−4−1
開業：2005（平成17）年8月24日
キロ程：58.3km（秋葉原起点）　ホーム：1面2線
乗降人員：15,413人／日（2022年）

東京都の都心と茨城県の南部を結ぶ首都圏新都市鉄道つくばエクスプレスが開通したのは2005（平成17）年8月24日である。このつくばエクスプレス線の終着駅として、つくば市吾妻2丁目に開業したのが、つくば駅である。この地は、関東の名山、筑波山の南方にあたり、つくば市役所の東側に位置している。

現在のつくば市は、1987（昭和62）年に筑波郡谷田部町、大穂町、豊里町、新治郡桜村の3町と1村が合併して成立した。その翌年（1988年）には、筑波郡筑波町を編入し、2002（平成14）年にはさらに稲敷郡茎崎村を編入した。当初の人口は11万人であったが、現在の人口は約25万4000人に増加している。ここは筑波大学の筑波キャンパスがあることで、全国にその名が知られている。なお、2006（平成18）年には、南側の筑波郡伊奈町と谷和原市が合併して、つくばみらい市が成立している。

さて、つくば市とつくば駅について記す前に、かつて茨城県に存在した筑波鉄道のことに触れておきたい。1914（大正3）年4月に設立された筑波鉄道は、1918（大正7）年4月に土浦〜岩瀬間が開業したが、当初は機関車が不足していたことで、土浦〜筑波間で開業し、その後の6月に真壁駅、9月に岩瀬駅まで開業した。筑波鉄道は1945（昭和20）年3月に常総鉄道と合併して、常総筑波鉄道となり、同社の筑波線となった。1965（昭和40）年6月には鹿島参宮鉄道と合併して、関東鉄道に変わった後、1979（昭和54）年3月に筑波鉄道（2代目）が設立されたことで、同年4月に筑波鉄道筑波線になった。この筑波線は惜しまれつつも、1987（昭和62）年4月に全線が廃止された。なお、この筑波鉄道（筑波線）が走っていたのは、つくば駅の北東であり、つくばエクスプレス線とは交わらない形だった。

つくば駅は、筑波研究学園都市の都心地区の学園中央通りの地下にあり、駅の構造は島式ホーム1面2線となっている。駅の北側には、つくばエキスポセンター、中央公園、つくば文化会館アルスのほか、吾妻小学校、筑波学院大学の筑波キャンパスなどが存在している。つくばエキスポセンターは、1985（昭和60）年に筑波研究学園都市で開催された、国際科学技術博覧会（つくば万博）が閉幕した翌年（1986）年に開館した博物館である。ここは世界最大級のプラネタリウムや実物大のH−Ⅱロケットの模型があることで知られている。つくば文化会館アルスには茨城県つくば美術館、アルスホール、つくば市立中央図書館などが存在している。

また、筑波学院大学は1990（平成2）年に東京家政学院筑波短期大学として開学。東京家政学院大学が母体であり、1996（平成8）年に東京家政学院筑波女子大学と名称を改め、4年制の大学に変わった。2005（平成17）年には男女共学の筑波学院大学となっている。つくば市立吾妻小学校は1979（昭和54）年に開校している。また、駅の東側にはホテル日航つくばがある。

この駅の北側、少し離れた場所には、1973（昭和48）年に開学した筑波大学の筑波キャンパスが広がっている。2005（平成17）年には同じく国立の筑波技術大学が開学し、春日キャンパス、天久保キャンパスが置かれている。

美しいパーキングエリアが整備されているつくば駅前広場。

【つくば市の空撮】
茨城県のシンボル、筑波山の南麓に広がるつくば市。1987（昭和62）年に3町1村が合併して誕生したこの南側には、2006（平成18）年に筑波郡の伊奈町と谷和原村が合併して、つくばみらい市が誕生している。◎提供：つくば市

【つくば駅付近の空撮】
筑波山をはるかに仰ぎ見るように広がっている、つくば駅周辺の空撮である。25万人を超える茨城県第2位の人口を有する学術・研究都市、つくば市の中心であり、駅周辺には魅力ある施設が多く存在している。◎提供：つくば市

つくば駅周辺

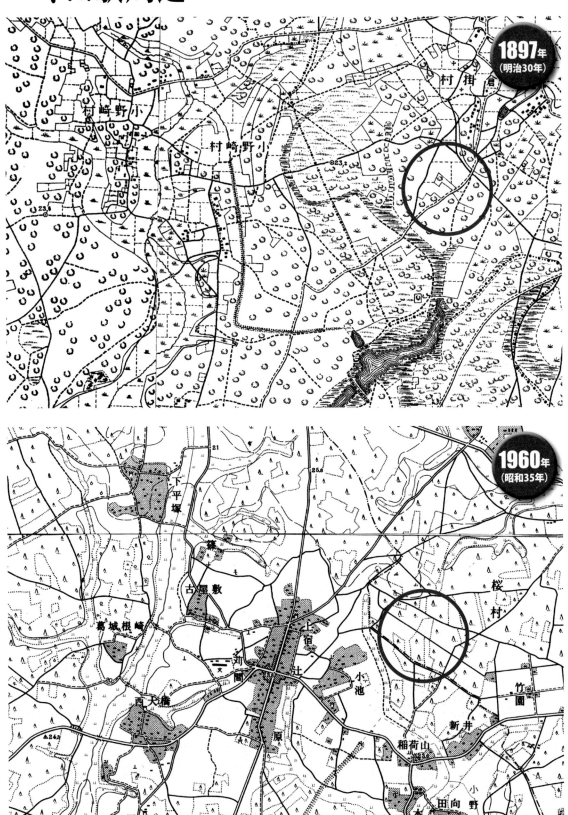

小野崎村、倉掛村などがあった場所には戦後、茨城県道19号取手つくば線が通り、上宿、辻、原、苅間などの集落が誕生している。1975（昭和50）年の地図では、東側の桜村に学園東大通り、学園西大通りが開通し、土地区画整理もなされている。さらに2005（平成17）年の地図では、つくばエクスプレスが開通し、地下駅のつくば駅が開業。筑波大学、エキスポセンター、つくば美術館、国際会議場研究交流センターなどの施設が誕生している。

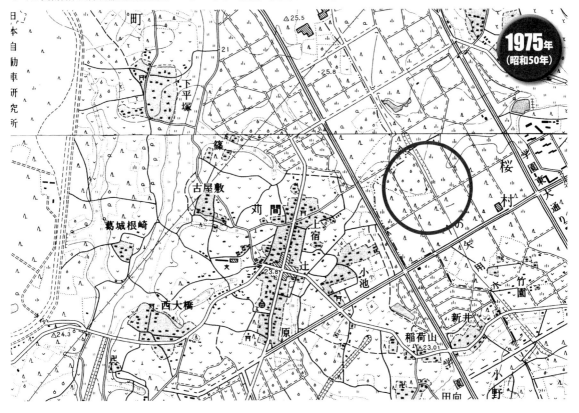

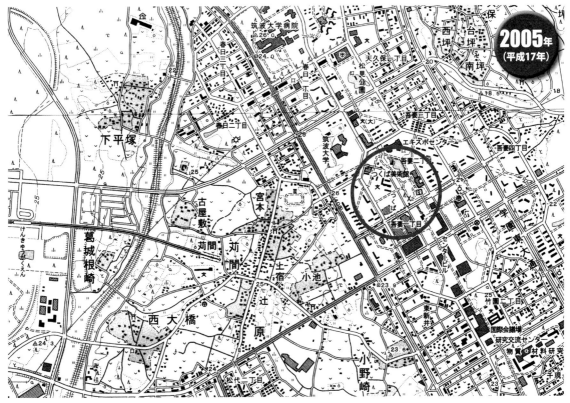

1895（明治28）年11月4日、日本
鉄道土浦駅として開設。1906（明
治39）年11月国有化。1918（大正
7）年4月17日、筑波鉄道（初代）
土浦－筑波間が開通して乗り入
れ。写真の駅舎は1936（昭和11）
年に完成し、中央の時計塔は軍艦
の艦橋をイメージしたとされ軍艦
型駅舎と呼ばれた。1983（昭和
58）年に橋上駅となり駅ビルが開
設された。
◎土浦
1980（昭和55）年2月
撮影：山田 亮

土浦で国鉄401系「赤電」と並ぶ筑波鉄道キハ763。キハ760形（761～763）は元雄別鉄道（1970年4月廃止）キハ49200Y形1～3で同線廃止後に関東鉄道に転入。土浦は国鉄との中間改札がなかった。背後に国鉄貨物ホームが見える。
◎土浦
1980（昭和55）年2月
撮影：山田 亮

筑波山の山並みを背景に、つくば研究学園都市の街並みが広がっている。つくばエクスプレスの終着駅であるつくば駅は地下駅となっている。駅の位置は、左下に見える学園西大通り（国道408号）の吾妻西交差点の東側であり、右上（北東）に向かう学園中央通りの下に置かれている。学園中央通りはこの先、学園東大通り（県道24号土浦境線）に至る970メートルの短い

道路となっている。つくば研究学園都市の主な施設は、学園西、学園東という2本の大通りに挟まれた吾妻、竹園、春日地区などに存在している。中央にグラウンドが見えるのはつくば市立吾妻小学校で、隣接して中央公園、エキスポセンター、図書館、美術館などが入るつくば文化会館アルスが存在している。

つくば市に誕生した新しい国立大学である筑波大学（東京教育大学を前身とする）のキャンパスを写した空撮写真である。豊かな農地が広がる中、研究者や学生が集まる研究学園都市がここに生まれている。このあたりはつくば市の東部にあたる天王台地区で、現在は天王台１～３丁目が存在している。１丁目には筑波大学筑波キャンパス、２丁目には筑波大学農林技術センター、３丁目には防災科学技術研究所が存在しており、この地域のほぼ全部を大学と研究施設が占めている。
◎1979（昭和54）年12月16日　撮影：朝日新聞社

生田 誠（いくた まこと）

1957年、京都市東山区生まれ。実家は三代続いた京料理店。副業として切手商を営んでいた父の影響を受け、小さい頃より切手、切符、展覧会チケットなどの収集を行う。京都市立堀川高校を卒業して上京し、東京大学文学部美術史専修課程で西洋美術史を学んだ。産経新聞文化部記者を早期退職し、現在は絵葉書・地域史研究家として執筆活動などを行っている。著書は「ロスト・モダン・トウキョウ」（集英社）、「モダンガール大図鑑　大正・昭和のおしゃれ女子」（河出書房新社）、「2005日本絵葉書カタログ」（里文出版）、「日本の美術絵はがき　1900-1935」（淡交社）、「東京古地図散歩【山手線】」（フォト・パブリッシング）ほか多数。本書では駅周辺の解説、沿線案内図・地図・写真解説等を担当。

山田 亮（やまだ あきら）

1953年生、慶応義塾大学法学部卒、慶応義塾大学鉄道研究会ＯＢ、鉄研三田会会員、元地方公務員、鉄道研究家で特に鉄道と社会の関わりに関心を持つ。
1981年「日中鉄道友好訪中団」（竹島紀元団長）に参加し、北京および中国東北地区（旧満州）を訪問。
1982年、フランス、スイス、西ドイツ（当時）を「ユーレイルパス」で鉄道旅行。車窓から見た東西ドイツの国境に強い衝撃をうける。
2001年、三岐鉄道（三重県）70周年記念コンクール「ルポ（訪問記）部門」で最優秀賞を受賞。
現在、日本国内および海外の鉄道乗り歩きを行う一方で、「鉄道ピクトリアル」などの鉄道情報誌に鉄道史や列車運転史の研究成果を発表している。本書では鉄道写真の解説等を担当。

【写真撮影】
小川峯生、荻原二郎、髙井薫平、竹中泰彦、辻阪昭浩、諸河 久、安田就視、山田 亮、山田虎雄、朝日新聞社、PIXTA

【写真提供】
足立区立郷土博物館、柏市教育委員会、つくば市、つくばみらい市、流山市、三郷市、八潮市立資料館

【沿線案内図、絵葉書提供】　生田 誠

【執筆協力】　山内ひろき

【参考文献】
大江戸線建設物語　成山堂書店
つくばエクスプレス（常磐新線）工事誌　鉄道・運輸機構

あき は ばら むす えき
秋葉原〜つくば58.3kmを結ぶ20駅
つくばエクスプレス
えんせん
沿線アルバム

発行日･･････････････････2023年8月5日　第1刷　※定価はカバーに表示してあります。
著者･･････････････････生田 誠、山田亮
発行者･･････････････････春日俊一
発行所･･････････････････株式会社アルファベータブックス
　　　　　　　　　　〒102-0072　東京都千代田区飯田橋 2-14-5 定谷ビル
　　　　　　　　　　TEL. 03-3239-1850　FAX.03-3239-1851
　　　　　　　　　　https://alphabetabooks.com/

編集協力･･････････････株式会社フォト・パブリッシング
デザイン・DTP ･･･････柏倉栄治
印刷・製本･･････････････モリモト印刷株式会社

ISBN978-4-86598-897-0　C0026
なお、無断でのコピー・スキャン・デジタル化等の複製は著作権法上での例外を除き、著作権法違反となります。